n Lectures In Microeconomics

微观经济学十讲

王则柯 / 著

$$MU_X/P_X=MU_Y/P_Y$$

$$P_XX+P_YY=I$$

名师讲堂 MASTER'S LECTURES

02

商务印书馆
创于1897
The Commercial Press

图书在版编目(CIP)数据

微观经济学十讲/王则柯著. —北京：商务印书馆，2013
（名师讲堂）
ISBN 978－7－100－09839－7

Ⅰ. ①微… Ⅱ. ①王… Ⅲ. ①微观经济学 Ⅳ. ①F016

中国版本图书馆CIP数据核字(2013)第037347号

微观经济学十讲
王则柯 著

商务印书馆出版
(北京王府井大街36号 邮政编码 100710)
商务印书馆发行
北京瑞古冠中印刷厂印刷
ISBN 978－7－100－09839－7

2013年6月第1版 开本 710×1000 1/16
2013年6月北京第1次印刷 印张 13½
定价：32.00元

目　录

开篇

去年暑假以后，我给我们学校传播与设计学院本科一年级的同学开设经济学原理课，讲一个学期的微观经济学。也有一些其他年级的本科生和研究生选修了这门课。经济学原理课主要分为微观经济学和宏观经济学两个部分，两部分之间存在很大联系，但是所讨论的问题，所形成的概念以及所使用的方法，都有很大不同。我给自己的任务，是尽可能结合中国经济体制改革中遇到的问题，向同学们介绍微观经济学的一些概念、理论和方法。

给传播与设计学院的同学上课，既要把经济学中最重要的一些东西介绍给同学们，让大家有个初步的把握，又不能在技术方面要求太高，这样做恐怕还是少有先例。有道是教学相长，我在一开始就计划了在同学们的帮助下，把这个课程的教学整理出来，成书出版，以期与更广泛的读者交流。

我心目中的大学教学，课堂应该是开放的。可惜我们这个大教室还是不够大，有的同学没有座位。大学教学如果座位有空，可以让名册以外的人来旁听。这在历史上还有过一些美谈。民国时期清华大学有一门选修课只有四个学生选了，他们后来都没有坚持下去，坚持到底的，反倒是一名不在册的旁听生，他后来成为这个学科的大师。

回顾我自己的学问生涯，有一句话，叫作“不写作就不会思考”。一件事情我觉得已经明白了，就要把它写下来，到了让别人读了也觉得明白的时候，我才觉得自己是真的懂了。现在这门课，我不是按照某本经济学的教科书一直讲，而只是在有限的时间内，给大家介绍我觉得要紧而又容易接受的东西。经济学最重要的是价格机制，第一次课，我会利用过去讲座讲的“资源价格机制改革困境溯源”来展开。第二次，我会讲单个商品市场的需求曲线和供给曲线、单个商品市场的“均衡”，还会谈到“刘易斯拐点”。接着会讲预算约束、无差异曲线、最优消费选择等，这样慢慢讲下去。

这门课不是传播与设计学院同学的主课，有点“微观经济学选讲”的风格。不满足“选讲”风格课程、希望系统掌握微观经济学的同学，可以找一本微观经济学的教科书来认真学习，这就超出现在我们这个课程的宗旨了。

至于“软性”的课外阅读，非技术性的，我建议传播与设计学院的同学关注哈耶克的《通往奴役之路》和弗里德曼夫妇的《自由选择》。哈耶克对计划经济有深刻的洞察，还在计划经济搞得挺红火、毛主席说“东风压倒西风”的时候，他就已经论证了计划经济是不可持续的，是要崩溃的，更不用说它的种种弊端了。对于计划经济，中国人民真是深受其害。弗里德曼夫妇都是经济学家，丈夫拿了诺贝尔经济学奖。弗里德曼同样是非常伟大的思想家。在美国顶尖的经济学家里面，他是最早上电视台跟大家讲经济学的，最后就形成了他们夫妇合著的《自由选择》这本书。这两本书大家一定要读。

如果觉得还不过瘾，就是说从经济学领域技术难度的角度来看觉得太浅了，那么你们可以试读赫舒拉发的《价格理论及其应用》。这本《价格理论及其应用》是深了一些，但特点是提供经济学的思想。当然，你不必一次把它读完。这是一本开卷有益的书。

1988年，我们岭南学院在中山大学成立，经济学专业是骨干专业。当时国内的经济学教育普遍落后。我们的名誉院长是普林斯顿大学的邹至庄教授，他设计的第一个项目，就是用赫舒拉发的《价格理论及其应用》给岭南学院本科生和研究生中选拔出来的一些同学上“微观经济学”。我们用的是原版书，把香港市场上的书买光了还不够，有些要从美国空运过来。所以在当时，岭南学院在经济学教育国际化方面是走在全国前头的。后来，许多别的学校也赶上来了。

这本书提供了很多经济学思想，以及做学问的思想。这里我跟大家先讲一个故事。不晓得读者里面有没有人看过英国古典小说《名利场》。在两个世纪以前，英国与法国都各有一本书讲底层的人怎么往上爬，法国的是《红与黑》，英国的是《名利场》。《红与黑》讲的是一个男的怎么从底层往上爬，《名利场》讲的是一个女的怎么从底层往上爬。《名利场》的主角叫作贝姬，其中贝姬讲了一句话：“如果我每年有五千英镑，我也会是一个好女人。”一般读者看到这句话也就算了，但是赫舒拉发借此在他的这本教科书里编了一个题目。他说，如果贝姬这句话是真诚的，那么至少还有两种可能。一种可能是，贝姬是想做一个好女人的，但是她缺钱，做不成。另外一种可能是，贝姬本来不想做个好女人，但是如果你每年给她五千英镑作为补偿，她也可以做给你看。赫舒拉法是大师级的经济学家，他能把小说里面大家都知道的主人公讲的一句话，提炼成经济学问题。

面对经济学问题，我劝大家在一开始的时候，不要急着把道德的观察和考量放上去，因为这可能影响你的思维和判断。具体来说在贝姬这个问题上，就是不要把“好女人坏女人”理解成道德上的好女人和坏女人。比方说你不妨做类似这样的想象：按照一些中国古典文学的说法，好女人必须笑不露齿、行不露足。在欧洲，也许按照当时社会的标准，好女人一定要穿长裙，大热天还要戴白色长手套。如果这些描述体现着好女人的标准，那么要是有人不想这么做，这也不是道德问题。总之，不能一开始就把原来问题里面没有的道德问题牵涉进来。

在赫舒拉发提出的这个问题的基础上，我也有一点点创新。现在学校各个学院的老师都会去申请各种科研项目，意图取得资助，开展科学研究。假定我现在有一笔钱，我向你们发出邀请，希望你们向我申请科研项目，如果我觉得你这个科研项目的申请合理，有希望成功，我就资助你完成这项研究。现在的研究是什么呢？就是搞清楚贝姬究竟是哪一种人。究竟是没钱做不成好女人呢，还是为了钱也可以做个好女人。你能不能设计出一个实验，来验证贝姬究竟是哪一种本性？并且说明为了完成这个项目，你需要多少资助。

当然现在我只是举个例子，打个比方，并不是真的让你们马上就做什么实验。我是想告诉大家，我介绍的第三本书的难度比较大，但是里面的一些章节真的是非常精彩。

除了别的因素以外，经济学的学习还倚重观察力和想象力。观察力就是对实际生活的观察力。你们的短处是家庭和校园之外的体验不足。至于想象力，首先着意与课堂内容有关的想象力吧，特别是对所论经济学模型及其运动的想象力。这需要以后慢慢体会。

另外，现在博客和微博都是思想交流的很好的平台。经济学家里头，许小年教授和陈志武教授的微博，都写得很勤，而且内容多半都尖锐、准确、深刻。大家有空可以浏览他们的微博文字和博客文章。吴敬琏教授、张维迎教授和周其仁教授好像都没有开设微博，但是有一些网站会转发他们的发言和见解。我也推荐大家关注他们的发言和意见。

本书的基础，是这门课程头十次课的课堂教学，每次三个学时。随后的几次课，还介绍了博弈论和信息经济学的有关概念和方法，包括博弈三要素、囚徒困境、协调博弈、零和博弈、静态博弈的纳什均衡、动态博弈的纳什均衡、霍特林模型，以及信息不对称、信息经济学的斯彭思模型、拍卖，还点到实验经济学、有限理性、行为经济学。因为后面几次课这些内容已经更加详细地反映在拙著《博弈论平话》（中信出版社）和《信息经济学平话》（北京大学出版社）这些普及著作中了，所以不在这里重复。

每次课整理出来的文字，归为一讲，每讲的字数不同。最前面两讲的字数多一些，是希望保留一点现场感，体现讨论式的教学风格。也有两讲的字数比较少，是预先插入了后面博弈论和信息经济学有关的内容，这些插入内容也就不列选了。

可能有人认为，对于传播专业与设计专业的学生来说，本书难以舍弃的数学方法，特别是图示方法，太困难了。其实并非如此。这次教学，就是一个证明。我们倒是觉得，沙龙式的教学未必能够满足同学们的要求。如果号称读过大学的经济学课程，却对经济学曲线没有感觉，那就不能称为是成功的教学。

课程进行当中，许多同学就已经热心帮助我笔录课程录音。寒假以后进入新的学期，李京京、王玲、于芃芃、曾子瑾和周智盈等同学，还热心参与了最后文本的初步整理。在此一并向他们和其他修课的同学致谢。我的两个电子邮件地址是 lnswzk@mail.sysu.edu.cn 和 ch84111987@163.com，欢迎读者、学生和老师发表意见和提出批评。

王则柯，壬辰年仲夏识于中山大学康乐校园

第一讲　价格机制

我希望这门微观经济学选讲，是我们大家一起思考和讨论的一门课。现在开始本课的第一讲。在今天的具体内容展开之前，我要问大家一个问题："只有劳动才能创造物质财富"，或者"只有劳动才能创造人类财富"，这样的说法，究竟对不对？

【课堂讨论】（议论热烈，具体内容略。因为问题本身已经蕴涵指向，所以多数同学都往否定方面思考，但一下子难以有力否定。后来才有同学想到地下未开采的矿藏。）

终于有同学谈到地下未开采的矿藏了，——它不是人类劳动的结果，但却是人类的物质财富。不过也有同学觉得，矿藏在没有开发出来的时候不好说是人类的物质财富。真的是这样吗？其实，它只是还没有被人们使用而已，不等于它还不是人类的物质财富。

的确，原始森林，金属矿藏，地下的煤炭、石油，这些都不是人类的杰作，不是人类劳动的结果，而是大自然恩赐而我们的祖先还没有来得及把它们用完的物质财富。再说我们跟日本争钓鱼岛，钓鱼岛哪里是人类劳动的创造？它就在那个地方。可它当然是很要紧的物质财富。

差不多四年以前，南方报业集团有个活动，纪念改革开放三十年，突出"30年30人"。他们为改革开放的三十年选取了三十位改革开放进程中标志性的人物，其中有很好的经济学家吴敬琏，有做“傻子瓜子”致富的年广久，还有著名排球运动员郎平这样一些人。纪念仪式在下午举行，但是上午的前戏，是一个论坛。论坛请了两位学者做了各半小时的发言。一位是经济学家，另外一位讲乡村政治体制改革，主要讲乡村基层选举。那位经济学家讲演的题目，是我们应该从美国的次贷危机中吸取什么教训。这个题目非常好。2008年的美国次贷危机，引发世界“金融海啸”，其后果到现在还没有完全消除。

可是那位经济学家提出应该吸取的教训，第一条就是“不能忘记只有劳动才能创造物质财富”。

正如我们前面讨论的那样，所谓“只有劳动才能创造物质财富”的命题，完全是不科学的命题。那位经济学教授，可以说是我国政治地位最高的经济学教授。一位政治地位那么高的经济学家，讲出来一个看起来政治上非常漂亮的命题，我们还是要思考，想想他说得究竟对不对。

财富创造，是经济学的根本问题，可惜在我们国家，这个问题直到现在却还是尚未彻底解决的问题。不然的话，一位政治地位最高的经济学家，也就不会在这样隆重的论坛上，煞有其事地摆弄这样不科学的说教了。的确，过去就是说只有劳动才能创造物质财富的。可实际上不一定需要劳动，很多东西就已经是物质财富。

1-1　关于价格机制的三种理论

资源和商品的价格是由什么决定的？对于这个问题，历史上先后有过三种主要的意见。第一种，认为越有用的东西应该越贵，这就发展成为“使用价值论”，即资源和商品的价格由它的用处来决定，用处大的，就贵，用处小的，就便宜。但是后来发现不是这么回事，典型地表现为“水和钻石”的悖论。对于人类来讲，空气和水是最有用的东西。钻石固然也很重要，可它至少不像水那么重要。要是没有钻石，人类一定可以找到别的代用品，可要是没有水，人类社会本身就不能够存在，更别提什么发展了。可是最要紧的水比较便宜，不那么要紧的钻石却很贵，这就否定了“使用价值论”。

接下来，人们觉得越难做出来的东西应该越贵。这就发展出来“劳动价值论”，即资源和商品的价格决定于需要多少劳动把它做出来，需要劳动量大的，就贵，需要劳动量小的，就便宜。这是你们在中学时候都背过的课文：商品的价格由凝结在商品里面的“社会必要劳动时间量”来决定。当你为了通过考试而背这些东西的时候，你相信它吗？至少现在你已经知道，地下的矿藏，还有原始森林等，虽然不是劳动的创造，但是本身很有价值，很值钱。所以后来这个“劳动价值论”或者说“劳动决定论”，也被否定掉了。

最后，就剩下“供求关系论”或者说“供求决定论”了，即商品的市场价格取决于商品在市场上的稀缺性：一样东西供不应求，它的市场价格就会上升，反过来如果供过于求，供大于求，价格就会下降。这些，就是历史上曾经有过的三种主要的价格理论，而前面两种都已经被否定掉了，因为它们不科学，不符合事实。

回答商品的价格是由什么因素决定的问题的理论，叫作价格机制。价格机制是全部经济学理论的基石。关于价格机制，现在全世界几乎都肯定“供求决定论”，或者说市场决定价格，即商品的市场价格取决于商品在市场上的稀缺性，但是在中国，还有一些学者和官员，“坚持”不科学的“劳动决定论”。

归纳起来，这一节课希望同学们明白的是，并非只有劳动才能创造物质财富，知道关于价格机制，历史上曾经有过的三种主要理论是：使用价值论、劳动价值论和供求决定论。劳动价值论也叫作劳动决定论，供求决定论也叫作市场决定论。

【课间讨论归纳】刚才在课间休息的时候，同学们跟我有非常热烈的讨论。这是很好的现象。

其实上一节课说到你们在中学时候都背过“商品的价格由凝结在商品里面的社会必要劳动时间量来决定”的时候，我已经注意到有同学提醒说，在“社会必要”前面，还要加上“无差异的”这么四个字，也就是变成“商品的价格由凝结在商品里面的无差异的社会必要劳动时间量来决定”。这些同学肯定是学习最用功的同学，如此艰难的句子都背得这么好。更有同学在课间休息的时候跟我说，社会必要劳动时间量决定的是商品的价值，而不是商品的价格，商品的价格可以围绕其价值波动。

是的，我知道你们学的是“凝结在商品里的无差异的社会必要劳动时间量决定商品的价值，而商品的价格围绕商品的价值波动”。对此，我愿意说明两点。

首先，现代经济学的价格理论，不需要“价值”这个中介概念。同样说明一件事情，理论架构越简单，越值得称赞。经济学也说价值，但不是你们背诵的那个意思。例如，经济学说一堆商品的价值，或者“一篮子”商品的价值，那就是这“一篮子”商品的价格之总和：买这件商品花了多少钱，买那件商品花了多少钱，一共花了多少钱。

其次，你们在中学学的价格理论之所以需要引进“价值”这个中介概念，完全是因为这套理论无法自圆其说，所以引进这个中介概念搞得你糊里糊涂。因为被搞得糊里糊涂，你只好败下阵来，相信它是对的。“无差异的社会必要劳动时间量”，是一个设想的概念，实际上无法把握。能够把握的只能是价格，引进设想的“价值”作为过渡，其实际作用，是让难以接受这种价格理论的学生，不容易对这种理论提出挑战。

还有同学问我，东西放在那边，只要没有人的劳动参加进来，那它就还是没有用的。这位同学同样举了煤矿的例子，说不把它开采出来，它就没有用。我不禁要问，你真的是说还没有开采出来的煤矿就没有用吗？何况，我们现在讨论的其实是它是否值钱的问题。有些同学舍弃不了“价值”这个说法。实在舍弃不了的话，不如用在“是否值钱”这种“有没有价值”的思考里面，而且不怕别人批评“庸俗”。“有价值”就理解为值钱，“没有价值”就理解为不值钱。按照这样的“价值”理解，我们要问：原始森林有没有价值？地下的矿藏有没有价值？有没有人愿意出很高的价钱来购买？如果有人愿意出很高的价钱去买它，怎么能够说它没有价值呢？这个转弯当然不一定要今天完全解决，你们可以慢慢领悟。当然，我们还可以进一步讨论。

回到前面说的那个“30年30人”活动。论坛请了两位主讲嘉宾，还有七八位评论嘉宾，评论嘉宾的角色，是在每位主讲嘉宾演讲以后，发表不超过三分钟的评论。我也忝列评论嘉宾之列。对于那位告诫大家“只有劳动才能创造物质财富”的演讲，我评论说，在座的有些是我的学生，有些是我学生辈的朋友，请你们仔细思考一下，真的是只有劳动才能创造物质财富吗？所谓只有劳动才能创造物质财富的理论，完全是不科学的理论，按照这个理论，未开发的原始森林和地下矿藏都是不值钱的，其后果，就是资源的价格被严重低估。几十年来我国的经济增长，之所以是资源消耗型的增长，其根子，就是价格机制的劳动价值论。

1–2　价格机制劳动决定论的不良后果

现在集中给大家讲讲价格机制劳动价值论即劳动决定论的不良后果。

我国的计划经济，是从大约 1954 年的“统购统销”开始的。“统购统销”除了规定企业的产品只能卖给“国家”和大家只能从“国家”购买商品以外，还规定只能按照“国家”制定的价格来买卖。

价格定下来以后，是不许上升的，并且把这个说成是社会主义的优越性。下降也很难出现，不过报纸偶尔会报道“匈牙利第三次降低物价”，降低物价同样被归纳为社会主义的优越性。

原来在民国时期，物价基本上不是由政府制定的，甚至在中华人民共和国刚刚成立的时候，物价基本上也不是由政府制定的。回顾历史，上海刚刚易手的时候，经济状况是非常困难的，商人资本家要赚钱啊，他们会囤积居奇，囤积居奇就会使价格上升。当时平抑上海物价这场“战役”，就是我们国家计划经济的总设计师陈云同志的杰作。他运用共产党的政治优势，把老区的粮食、棉纱、煤炭调到上海去，与囤积居奇的资本家作经济斗争。资本家要囤积居奇，不肯卖他们掌握的粮食、煤炭、棉纱，政府就从老区运来更多的粮食、煤炭、棉纱，迫使它们的价格下跌，最后使得资本家不得不把货物吐出来。这样做，老区那边是要遭受损失的，但是好歹上海的物价稳定下来了。陈云他是懂市场经济的，他利用老区比较容易实行的计划经济，把物资调拨到还是市场经济的上海来，通过影响上海市场的供求关系，把上海的物价稳定下来。

但是在 1954 年实行“统购统销”以后，主要商品的价格就被政府定死了，企业的产品只能按照政府价格卖给政府部门，大家只能从政府“商店”购买商品。很快，又对私营工商业进行“社会主义改造”，改为公私合营。公私合营以后，资本家在一段时间里面还可以拿点“定息”，但是说话算数的已经是“公方代表”了。农村的“社会主义高潮”，则将农民的土地收归国有。

现在只谈一个事情，当时是怎样制定价格的。其原则，就是按照价格机制的劳动决定论来制定商品的价格。按照价格机制的劳动决定论，就像刚才有同学回忆中学课本跟我说的，一样东西如果没有“劳动价值”加上去，它就不成其为财富。这样一来，煤炭埋在地下的时候是不值钱的，然后就算一下花了多少钱建这个矿山，雇用多少工人把它开采出来、装上火车运到港口，这些成本加起来，再加上一点利润，就成为煤炭的离岸价格。同样，原始森林原来都是没有价值的，只看你雇用多少工人，用电锯把树锯下来，运到河边去卖，看这其中花了多少钱。大家知道，一次性木筷子是日本人发明的。你到日本去看看，日本虽不能说有水必清，但是很早就已经做到凡山皆绿了。他们自己一棵树都不舍得砍，却大量地把我们东北的木材买过去，很潇洒地搞他们的一次性木筷子。为什么会这样？因为中国的资源性商品实在卖得太便宜了。

20 年前有一个说法，就是中国缺水，华北西北缺水，北京尤其缺水。回想 50 年前我们在北京上学的时候，北京近郊许多地方，水是自己从地下冒出来的，清澈得很。可是现在，北京要深入到地下几百米抽水。为什么短短几十年，会有那么大的变化呢。北京的地下水水质很好，抽上来就给我们用，捧起来就可以喝。但是长期以来，北京的自来水太便宜了，一吨水的价格相当于四分钱一根的劣等冰棍。为什么一吨自来水才四分钱啊？因为它主要只算铺好管道并且设置几个泵站花了多少钱，而地下水本身原来是被认定没有价值的。这就造成北京自来水长期被过度消耗。

价格是最权威的市场信号。大家都有这样一个体会，一样东西太便宜了，你是很难非常珍惜它的。比如我们这里水很便宜，大家就不大会省着用。你到西部许多干旱地区去看看，他们洗脸只用一点点水，洗完脸以后还用它来做其他的事情。一样东西便宜你就猛消费它，如果它贵了，你就想找便宜的来代替它。肯定是这样的，这就是经济规律。所以说价格是最权威的市场信号，价格引导资源的使用和配置。归纳起来，正是因为我们的计划经济是按照价格机制的劳动决定论来制定商品的价格的，资源性商品的价格，被人为地压得很低。前些年有人还称赞这是我们的价格优势，真是暴殄天物啊。

> 【提醒】注意我讲这个太便宜，是指它在市场上太便宜，是指它在市场上身价太低。相反，世界上有些东西，可能对于某个特定的人来说非常珍贵，但是这种珍贵，不是市场意义的珍贵，那就不在我们讨论之列。比方说同学少年的时候，谁给谁送了一片红叶，也许后者会把这片红叶夹在日记本里珍藏一辈子。按照这个情景，这片红叶对于持有人的价值，是非常高的，可是这种价值，不是市场意义上的价值。我们讨论的是市场价值。

现在中国已经是世界第二大的经济体了，中国人民的生活水平也比过去提高了很多。但是要注意，在这个发展过程中，我国的“资源效率”在全世界是垫底的。不是落后一点点，而是垫底。为什么会垫底呢？因为别人都不相信“商品的价格由包含在商品中的劳动价值量来决定”，至少他们认定未开发的资源，本身就是值钱的。

资源效率是个什么概念呢？在评价经济运行的时候，我们自然会想到，比如说每实现一万美金的增加值，需要消耗多少资源。反过来讲，就是每消耗一吨标准煤，你能够实现多少增加值？ 20年前《光明日报》曾经发表一个统计，日本的资源效率是我们的 13 倍。日本是一个资源非常贫乏的国家，它依靠的是技术进步。当时说资源效率，日本是我们的 13 倍，美国是我们的 9 倍，印度是我们的 3 倍。同样消耗一吨标准煤，印度实现的增加值是我们的 3 倍，凭什么呀？是中国人比印度人笨吗？不是。只是因为印度人没有受到价格机制的劳动决定论的影响，并不理会什么没有劳动加上去它就不值钱这样的说法。所以我们的资源效率在全世界垫底。

回顾这三十多年改革开放，我们的经济增长在很大程度上仍然是以牺牲环境为代价的经济增长。这是每个人都容易有切身体会的。有一句话叫作：读万卷书，行万里路。我也鼓励大学生暑假、寒假结伴旅游，到全国各地去看看。有的地方，你再不去，以后就不知道变成怎样了。现在我们中国，除了西部和边远地区，已经很难找到一块原生态的干净地方了。就拿我们中大校园来说，校本部所在的康乐校园，是全国首屈一指的美丽校园，文化积淀深厚。现在大学不那么穷了，校园也修整得很漂亮。但就生态而言，那是比不上半个世纪以前的。比如说橄榄树不结果了，竹园也荒落了许多。我们读中学的时候走过橄榄树，一个书包扔上去，橄榄就会“唰唰”掉下来。以前康乐校园有红色的小鸟，绿色的小鸟，现在也很少了。不要看现在很多地方花了很多钱，修得很漂亮，生态环境还是比以前差。我是 1959 年从广州到北京读书的，1962 年夏天有个北方同学和我一起来广州度假，火车进入广东，他就被北江碧绿的河水和两岸茂密的森林吸引，一直站了两个多钟头，直到英德才肯坐下。其实那时候北江两岸的原始森林已经开始被砍伐了。现在人们沿着铁路往北走，还会看到森林，但那是次生林，不是原始森林。原始森林全被砍光了，只因为广东气候好，能够长成次生林，那气魄已经完全不能与原始森林相比。去年因为下雨，甘肃舟曲地区发生特大泥石流，造成人民生命财产的巨大损失。历史上，舟曲算得上是植被很好的风水宝地，就是因为 20 世纪 50 年代以来森林被砍伐，植被不再，才造成这样大的灾害。现在我们到西部去，看到有些地方自然环境还是很好，但是再过几年十几年，就很难说了。

大家知道，我们在美国有一万多亿美元的“外汇储备”。有人做过计算，我们这一万多亿美元的外汇储备，是用相当于十几万亿美元的资源代价换来的。我们的环境被破坏得非常严重。网上有一张从卫星上拍下来的地球照片，多半地方都是绿色的，而我们中国却有大片黄色的缺乏植被的地方。这是价格机制劳动决定论的不良后果啊。

以上只讲资源浪费和环境破坏方面的不良后果。劳动决定论作为政策的理论基础，在别的方面也有许多恶果，例如拉平复杂劳动与简单劳动的收入水平，窒息发明创造和理论创新等，留待以后再讨论。总之，大家要充分认识价格机制劳动决定论的不科学性和危害性。

1–3 价格机制劳动价值论溯源

讲到这里，必须说说价格机制的劳动决定论或者劳动价值论是从哪里来的。

现在有一种似是而非的说法，说原来大家都相信价格机制的劳动价值论，后来西方的理论来了，才使一些人接受了价格机制的供求决定论。实际情况完全不是这样，历史事实恰恰相反。

首先最重要的一点，就是中华文化本来一直信奉价格机制的供求决定论。这可以从两方面来论证。一方面，老百姓都知道“物以稀为贵”。广东的蔬菜供应跟天气很有关系，天气不好，蔬菜就贵，天气暖了，蔬菜就便宜。老太太都知道，天气不好，蔬菜生长得慢，造成供应不足，蔬菜价格就上升。她们都知道市场的规律是物以稀为贵，并不是因为包含的劳动多了才使蔬菜的价格上升。她们从实际生活中领会的、接受的，就是价格机制的供求决定论。那么，哪些人还相信价格机制的劳动决定论呢？当然有一些学官，他们哪怕只是出于政治惯性，也要这么说。而一度相信劳动决定论的最大的群体，恰恰在高中以上的学生当中。只有你们这样受过前面所说的不科学的经济学理论教育的人，才可能相信价格机制的劳动决定论。上一节课我们花了不少时间，才让大家明白你们以前所学的“经济学常识”，并不科学，就是很好的说明。

另一方面需要指出，我们的老祖宗，在两千多年以前的经典里面，已经准确地把价格机制写下来了。具体来说，《管子·国蓄》就写着：“夫物多则贱，寡则贵。”这一文字表述，非常准确地表达了我们现在叫作“供求决定论”的价格机制。需要注意的是，这里的“寡”和“多”，都是相对而言的。比方说你造出一万辆自行车来，是寡还是多啊？这要看需求。假定一万辆自行车造出来送到市场，每辆自行车卖三百元，结果在这样的市场条件下，有十万人想买，那就是“寡”。寡则贵，价格应该高上去。假定还是一万辆自行车造出来送到市场，还是每辆自行车卖三百元，却只有几十个人想买它，那就是“多”。多则贱，供大于求嘛，价格就会下降。这不正是价格机制的供求决定论吗？

老祖宗说的“夫物多则贱，寡则贵”，老百姓相信的“物以稀为贵”，都和现代经济学认为商品的市场价格取决于商品在市场上的稀缺性的理论吻合。这就是我们说中华文化一直信奉供求关系决定商品市场价格的理论的依据。

那么，现在残存的不科学的劳动决定论，是从哪里来的呢？它来自苏俄版政治经济学。在斯大林去世前不久，以他的名义出了一本书，叫作《苏联社会主义经济问题》。我们过去的政治经济学，就是按照斯大林的《苏联社会主义经济问题》写的。改革开放以来，因为这种理论背离社会现实，总是不能自圆其说，在实践中也总是碰钉子，所以也在修修补补，但是因为意识形态的原因，总是觉得要“坚持”“劳动价值论”、要“捍卫”“劳动价值论”，体现在价格机制上，就是在框架上仍然坚持不科学的劳动决定论。既要坚持劳动决定论的不科学的核心，又想修补得让它能够自圆其说，其实这完全是做不到的事情，结果就导致理论非常的庞杂，很难绕出来。理论的境界讲究简明。供求决定论十分简明，但是却概括了所有的价格现象，无一例外。

你们以前是要应付这种不科学的理论的考试，只好背书了。你们都曾经背书背得很辛苦。为什么辛苦呢？对于一种理论，你学懂了，觉得它有道理，觉得是这么回事，你就能够用自己的语言把它讲出来。如果你不理解，甚至不相信，可是不理解不相信也要通过考试，那就只好死记硬背了。这就是背书背得好辛苦的原因。

将来，如果有人硬是说价格机制的供求决定论、市场决定论是“西方”的思潮，你要理直气壮地告诉他，我们老百姓从来知道“物以稀为贵”，我们的先人两千多年以前就在典籍上把供求决定论写下来了。

同样，如果有人硬是说价格机制的劳动价值论才是马克思主义的经济学理论，那么我们要说，马克思主义的精髓是实事求是，而价格机制的劳动价值论是不科学的理论，是不符合事实情况的理论，是从斯大林那里过来而俄国人现在已经放弃的理论。历史告诉我们，很早就有所谓马克思主义学会借马克思的名义生发出许多谬论，以至于马克思只好不耐烦地说：“（你们这样搞，）我只好说我不是一个马克思主义者了。”

1–4 资源价格改革的困局

现在，我们国家遇到资源价格改革的困局。这个困局是怎么形成的？我们这几年通货膨胀非常厉害，其中大家意见最大的就是成品油价格不断上涨。可是你要知道，仅仅在五六年至十年以前，中国的成品油价格在世界上也算最便宜的。香港和广东的经济来往非常频繁，香港的货车进入广东以后，一定要加满油才回去。外国的飞机飞到中国来，也一定要加满油才飞走。为什么呀，就是因为当时中国的成品油在世界上最便宜。我们的生产效率这么低，为什么成品油反而便宜？这就是刚才有些同学说的，原来石油在地下未开采出来之前被看作是不值钱的，然后算算花了多少投资，使用了多少劳动把它开采出来，炼成成品油，加上预期多少利润，就成为成品油的价格。我们就是这样糟蹋祖先没有用完留给我们的资源的。以前的情况大体上就是这样。

现在，我们的成品油的价格也已经上去了，要改革非常困难。为什么会这样？请看下面的示意图，我们来比较一下中国的石油企业与俄罗斯的石油企业的产业构成，左边是中国的石油企业，右边是俄罗斯的石油企业。注意这里所谓的产业构成，是一个笼统的说法，指的只是成品油价格的组成。表示价格的柱形，被分成三截。最底下的一块，代表资源成本，当中的一块，代表非资源成本。资源成本和非资源成本合起来，就是总成本。柱子的高度，代表成品油的销售价格。于是最上面的一块，即销售价格减去单位总成本，就是每销售一吨成品油企业获得的利润。比方销售价格是 1000 元钱，资源成本和非资源成本加起来是 700 元钱，那么利润就是 300 元钱。所谓企业的产业构成，就分成这么三段。

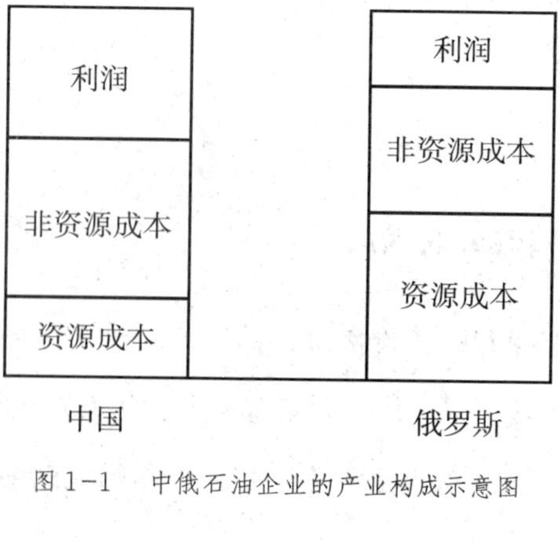

图 1-1 中俄石油企业的产业构成示意图

什么是资源成本呢？就是你每开采一吨石油拿来加工，要向国家交多少钱。我们国家原来依照劳动价值论搞计划经济，石油企业开采国家的石油，是不需要向国家交钱的。最近十几年，大家开始觉得"没劳动就无价值"的理论荒谬，开始呼吁向资源型企业征收资源税，但是税率很低，开采一吨原油向国家交个几元钱十几元钱的资源税。最近几年觉得这样的资源税太低了，说是要大幅度提高，直到现在，还只是每开采一吨原油只缴纳三四十元钱的资源税。俄罗斯怎样？俄罗斯的税制和我们不同，他们是石油公司每出口一吨成品油，按照一个固定的公式，向国家缴纳一定数量的出口关税，税率随国际市场石油期货价格走。这个公式今天就不展开讲了。按照这个公式，前几年国际石油市场期货价格最高的时候，俄罗斯石油企业每出口一吨成品油，要向国家缴纳接近五百美元的关税。现在国际石油市场的期货价格没那么高了，所缴纳的关税也在三四百美元之间。按照一吨原油通常能加工出 0.6 吨成品油计算，相当于每吨原油的资源税在二百美元以上。三四十元人民币和二百多美元之比，可以让我们体会时下中俄资源成本的巨大差距。由此可以看到，资源成本对于中国的石油垄断企业，实在是太低了。这是国家的资源啊，理应属于全体国民。

至于非资源成本，则包括开采、加工和运输等花费。虽然我国企业的经济效率比较低，也就是非资源成本比较高，但是因为资源成本非常小，结果实现的利润还是很高。

这里顺便说说，学习经济学，要注意画图。有些图太难，你们不懂，但是上面这个产业构成示意图，你们一定看懂了吧。我们就从这样最简单的图形或者表格开始学习。

我们中石油、中海油、中石化的经济效率都不高，但是分配却很高，就是这个道理。前几个月，中石化广东总部曝出买一万多元钱一瓶的高价茅台酒，不曝你还不知道。大家说垄断企业工资很高，福利很好，以前都是一个说法。2011 年，中海油自己公布并承认，全行业平均年工资 38.67 万元。你想想看，38.67 万元是一个什么样的概念？我可以说，我们中山大学，只限于全部正教授，估计平均工资也就是二十万元左右。而中海油说的是全员平均啊！

这么高的分配是怎么来的？就是我开始时讲的，按照制定计划经济的劳动价值论，埋藏在地下的石油原来是不算钱的，就给国有石油垄断企业无偿地开采。最近这些年吵着说国家资源不能够这样被无偿地开采，吵了那么久，资源税才上升到每吨三四十元钱。石油是利润多么高的一个产业，开采一吨石油却只交给国家三四十元钱，这就是现状！国家的资源、全民的资源，就这样几乎无偿地让国有石油垄断企业开采了。这怎么能不暴利？

> 【注记】按照总理温家宝 2011 年 9 月 30 日签署的《中华人民共和国国务院令第 605 号》，从 2011 年 11 月 1 日开始，原油的资源税调整为销售额的 5%~10%，暂按 5%执行。仍然非常低。

到现在为止，还只是从成本利润的“产业构成”来分析，还只是讲到资源的几乎无偿使用。现在转而谈谈投资。当前世界上大的石油公司，绝大多数都是私有的，自己买矿山，自己建油井，自己建设炼油厂，自己建设运输管道和运输船队。只有中国的大石油企业，是国有的。我们发改委把这些国有石油垄断企业，叫作“共和国长子”，意思是他们是最负责的，担起了我们“共和国”这个大家庭的重任。

回顾历史，从中华人民共和国成立，接收民国的玉门油田开始，经过克拉玛依会战，大庆会战，胜利油田、中原油田这样一个个做下来，全部是集中全国的财力物力去做的。当时国家很穷啊，那么大的投资，就给了这些石油垄断企业。所以在讨论这些国有石油垄断企业的时候，还要注意几十年来最高力度的国家投资，就无偿地成为它们的家底，从来没有考虑要做一个结算，还给国家。

这些“共和国长子”的实际表现，实在是非常糟糕。四五年前，我国许多地方出现油荒。我到珠海去上课，主要为我们学校师生来往广州珠海服务的“歧关车”，加油都非常困难。这些石油垄断企业不高兴了，它就供应慢一点。石油是国民经济的命脉，供应跟不上了，全国都遭殃。这时候我们可以看到，国家又拨很大一笔款给他们，他们却还是喊亏。

近年来严重的“国进民退”现象，就是维护“共和国长子”他们的既得利益的。几万亿人民币的投资，不需要人大讨论，说给就给。几万亿的投资，完全没有民营企业的份，把民营企业挤压得好苦。

顺便说说另外一个很奇怪的现象，就是发改委和各地物价局，在百般迁就国有大垄断企业的同时，却轻易干预竞争市场，特别是干预交易，干预竞争商品的价格。这些都是与市场经济背道而驰的政府行为。关于百般迁就国有大垄断企业，我们在最后一讲还要谈到这个问题。

1–5 俄罗斯人拨乱反正走在我们前面

价格机制的劳动决定论是哪里来的？是从苏俄版政治经济学来的。可是现在，俄罗斯人拨乱反正比我们做得彻底。大国的经济体制改革必然会伴随社会的震动。苏联瓦解以后的那几年，俄罗斯人民的生活水平确实下降很多，可是现在，俄罗斯早已经缓过来了，人民的生活情况也不错，国家对于居民的教育和医疗，都有比较好的保障。再看东欧那些转型国家，人民的权利得到保障，生活水平也已经开始接近西欧。

俄罗斯历来都比东欧国家差一些，但在很多方面还是比我们好。为什么会这样？理论和政策方面的原因，在于他们拨乱反正做得比我们彻底。我们未能彻底拨乱反正的一个表现，就是许多学生还是要辛辛苦苦背书，背那些不科学的东西，背那些他们难以相信的东西。

刚才所做的产业构成分析，也说明了当前我国资源价格改革困局的症结何在。国家历年来高力度的投资成了这些“共和国长子”的私产，国家的资源几乎无偿地给他们使用，所以哪怕人浮于事、效率低下，他们还是能够一直享受比别的行业高得多的分配。这种利益格局，才是当前我国资源价格改革困局的症结所在。他一直享受这么高的利润，这么高的分配，你想让他减下来，谈何容易？而且这些“共和国长子”，都是有行政级别的，部长级或者副部长级，实际上比部长副部长更加厉害。

理论不是抽象的，理论是指导实践的。计划经济的时候，为什么一开始把资源的价格得的那么低呢？根子就是价格机制的劳动价值论这种理论。

你长期让他们在这么低效率的情况下享受那么高的利润、那么高的收入，又不许触动这种利益格局，这就是问题的症结所在。在这个意义上，改革不是讲道理的，而是被利益捆绑。不是没有比较好的改革方案，而是既得利益集团绑架了现存体制，成为改革的绊脚石。这就是资源价格改革的困境。

回到经济学上来。价格机制是经济学理论第一个要面对的问题，看起来很抽象，谈的是商品的价格由什么决定，是劳动决定还是供求决定。

最后需要说明，我们否定价格机制的劳动决定论，是因为它不科学、不符合实际，是因为它会给我们带来严重的恶果。这并不等于说劳动不重要。劳动是非常重要的，甚至可以说是最重要的，但是还有别的因素也很重要。这样看问题，才比较全面、比较科学。就说你们将来的发展吧，除了个人的努力以外，还有天赋的因素。你在这个方面天赋比较好，我在那个方面天赋比较好。所以我们讲究每个人找到能够发挥自己天赋优势的方向。除了天赋这种非劳动因素，运气也是一种非劳动因素。两个天赋差不多的人都很努力，可能一个人的运气比较好，将来也可能有不一样的发展。总而言之，我们不是否定劳动，相反，劳动非常重要。我们只是否定把一切都归功于劳动、一切都只取决于劳动。

1-6　太善良容易被蒙蔽

我六年前在中信出版社出版了一本书，书名叫作《智慧何以被善良蒙蔽》。我的意思是说，同学们读者们的智慧不要因为你们太善良了而被蒙蔽。因为太善良了，相信书本上说的一切；太善良了，相信大人物说的总是对的。而是要经过自己的大脑，要经过自己的思考。我讲这个话，也不排除我自己所说的道理，就是对于我在这门课上讲的，你们也要经过自己的思考，看看是否有道理。我希望在我讲完之后，同学们回去还是要想想我讲得究竟对不对。真是讲得对的，才接受；觉得不对的，可以提出来讨论。这样才会有自己的想法，有自己的判断，而不要盲从任何人。盲从，说得好听一点，就是太过于善良了。

今年年初《人民日报》有一篇社论，其中有一句话说："不能脱离现实发展水平去盲目追求社会公正。"我们国家贫富差距那么大，许多地方老百姓怨声载道，这些都是需要正视需要解决的问题。当然，解决问题需要时日。但是如果连公正都不让争取，那是什么意思？同样，不要以为人家是经济学教授，是经济学院院长，还是全国政协委员或者人民代表大会代表，所讲的经济学意见，就一定不错。例如，某位经济学教授，就在全国政协的会议上发表意见说：国内旅游不创造价值，只带来污染，所以要把国内旅游停下来。你们听了也会感到不可思议。

浮在最上面的一些人，光环可能很亮，言论却未必经得起推敲。2002年全国“两会”开始之前，某研究小组在北京发表一个“现代化时间表”。他们“计算”出来，2015年上海可以实现现代化，2018年北京可以实现现代化，2021年广东可以实现现代化，而西藏要到2090年才能实现现代化。时间表发布出来，北京不高兴了。于是过了两天他们又召开记者招待会，说北京如果好好干，可以快两三年实现现代化。我当时就写文章说，现代化是不能说哪个省市率先实现的，所谓率先实现，顶多只能拼人均GDP或者收入水平这么一个指标，不是真正的现代化。现代化是一个全局的和整体的概念，是一个全局的和整体的过程。全局性，是说不能只是某一个指标达到了，就可以宣布已经实现现代化了。整体性，是说国家现代化是一个整体的演进，不能够某几个省市现代化了，其他一些省市却还是遥遥无期，比如他们说西藏2090年。我在那篇文章的结尾写道：我愿意以一个学者的良知，跟他们打赌：我们的西藏不用迟至2090年才能够实现现代化。

【几张照片】最后，我给大家看几张照片。借女儿的光，德国旅游局在2006年德国世界杯期间，邀请我们去考察德国的几个旅游城市。当时德国首都柏林为了迎接世界杯，在城市里面做了一些造型，比方音乐厅广场的造型就是几个很大的音符，博物馆前门的造型就是爱因斯坦的质量能量互换公式$E=MC^2$。而在菩提树下大道洪堡大学对面的广场，照片中那个很高的造型，是一堆十几本书，每一本书的书脊上都刻了一位作者的名字，罗列对于德意志文化最有贡献的一些作家，体现德国的文化传统。现在我来考考你们：最底下的一本书最厚，书脊上刻着的是谁的名字？对了，是歌德。上面这本书是谁？是的，是席勒。这本书呢？康德。当中这本比较薄的书是谁？马克思。你看，马克思在德国人心目中还是很有地位的。注意，这里不但没有希特勒的位置，甚至也没有恺撒大帝的位置。德国是这样一个国家，歌德的铜像比

图 1-2　洪堡大学对面的“德国文化”雕塑

恺撒大帝的铜像来得多。

我没有深读过马克思，但是在逻辑上我是这样看的：马克思的《资本论》，研究的主要是资本家对工人的剥削。工人是什么？工人是无产阶级。无产阶级有什么东西可以给资本家剥削呢？可不是只有劳动吗？而且这种劳动基本上就体现在劳动时间的多少。但是后人“坚持”只用劳动时间来概括现代社会丰富得多的价格现象，那就是谬误了。没有道理要马克思对这种谬误负责。

【花絮】我在许多地方演讲的时候都给听众看过这张照片。从对这张照片的不同反应，可以看出听众的整体素质。在最差的学校，几百位听众，可能连一位作者也没有人可以认出来。我并

> 不是要求大家认得那个造型上的所有作者，何况书脊上刻的自然是德文的名字。如果听众作为一个整体，能够认出其中三四位作者，这就不错了。如果像你们这样，能够认出七八位，那是非常不错的。这就是听众整体素质的一个反映。十几年来大学拼命扩招。以前，一个省里面有几所大学，学生的整体素质都比较高，而现在，这样的大学已经不多了。你们有幸就在这样一所很好的大学。

下面我再给大家看另外一张图片。现在打出来的是 Institute for Advanced Study。你知道她是哪个学术机构吗？有人说美国只有一个高等研究院，讽刺说现在中国到处是高等研究院。美国的高等研究院，就是 Institute for Advanced Study。她在美国的普林斯顿，是一个规模很小的研究院。她资助的项目很少，主要是数学、理论物理、历史、经济学这样一些学科的研究。但是因为她在 80 多年前成立以后，很快就把 20 世纪最伟大的几位科学家吸引过去，所以名声很大。20 世纪最伟大的科学家，大家都说是爱因斯坦。第二位呢，意见不是百分百集中，恐怕也有七八成的人认为应该是冯·诺伊曼，他是现代计算机的发明人，是博弈论的奠基人，还是美国原子弹计划的专家组组长。据说在冯·诺伊曼弥留之际，美国陆军、海军、空军的司令都站在他旁边，固然表示尊重，据说还担心他会不会因为神志不清而泄露一些国家秘密，可见他对于美国是多么的重要。

高等研究院的箴言（motto）写的是“Truth and Beauty”，即真与美。原来，在高等研究院成立的时候，创院院长请一位法国雕塑家设计院徽。欧美学术机关的院徽校徽传统是一个盾牌，院长希望雕塑家跳出这个老套，并且要求突出两个字，一个是真，一个是美。你看最后雕塑家做出来的原件，背景是一颗结有果实的树，这是雕塑家自己的创意，用果实代表知识；然后是左右

图 1-3 高等研究院院徽和原件
Courtesy of the Institute for Advanced Study, Princeton, NJ

两个女性人体，左边是抽象的裸体，旁边写着“真”，右边的穿起衣服来，就变成“美”。当成为高等研究院的“LOGO”的时候，我们看到外圈的文字，“是INSTITUTE FOR ADVANCED STUDY, FOUNDED 1930”，即：“高等研究院，1930 年成立”。“LOGO”上没有出现地名“Princeton”。高等研究院的名字，就是“高等研究院”本身这么五个字，至于“普林斯顿高等研究院”，是我们一些中国人的说法。

三十年前这个时候，我有幸去了普林斯顿大学，就去附近的高等研究院参观。当我看到这个院徽的时候，心灵有点震撼。这是因为我马上就有个对比：中国人一开口就是真善美，但我崇敬的高等研究院，却只崇尚真和美。这里头似乎很有值得思考的地方。

首先一个认识，是只有真的才是美的。如果一个人站在讲台上对很多人说，不要忘了只有劳动才能创造人类财富，这种话虽然非常漂亮，其实却是不科学的。第二个认识：善良不能过分了。不要一看到“知名教授”“著名经济学家”或者“首席科学家”，一看到是课本上教的、专著里写的，一看到是“领导人”说的，就以为一定是对的。常常不是这么回事。

【归纳】今天所讲，经济学方面，主要内容只有一个，那就是商品的价格是由商品的市场供求关系决定的，商品的价格反映商品在市场上的稀缺性。因此，价格信号是最权威的市场信号，引导社会资源的有效配置。所谓市场经济，就是让市场在资源配置方面发挥基础性作用的经济。违背市场经济的这个根本点，一定会带来严重后果。另外，就是希望你们记住，至少就学理而言，只有真的，才是美的。你们要有自己的判断。

第二讲　单一商品市场的均衡

【前课课后讨论】上一次的课以后，有同学对我课上所讲的内容有一些不同的意见，发信和我讨论。我感到很高兴。我也相信他会乐意我把他提出的问题，拿到课堂上来跟大家讨论，体现他对我们这门课程的贡献。凡是因为课上的问题跟我有所交流的，都属于我们这门课的组成部分。大家都知道一句话："学术乃天下之公器。"拿到课堂上来展开的讨论，可以让大家都受益。

一位同学发信说，我上次的课主要是要否定价格机制的劳动决定论。他的第一个问题是："劳动决定论的定义到底是什么？"他自己去查了，说通常有如下三种不同的意见："第一，强调劳动是决定商品交换的因素；第二，指出耗费劳动是决定商品价格的唯一因素；第三，提出劳动是分配财富的唯一正确伦理依据。——摘自维基百科。"接着他说："依我的理解，您认为劳动决定论是只有劳动才能创造财富，也就是第一种理解，然后，您举了矿产的例子，中国矿产价格较国际而言严重偏低是因为中国在开采过程中只叠加了生产所需要的劳动以及企业所需要的利润，资源成本被过度忽略，从而造成中国资源浪费。……可是在对劳动决定论也就是劳动价值论的定义中，就有上面所说三种不同的解答。如果对劳动决定论对错与否的评判建立在无法统一的定义上，怎么可以片面地认为它是错误的或是对的呢？"

这位同学对我上次的课所说内容的概括是否准确，暂且不论。他自己的疑问，还是表达得很清楚，就是劳动决定论的定义有三种，你并没有跟同学讲你究竟采取哪种定义，就开始讨论了。他的原话是：“不管怎么样，您一种都没确定，就来否定它。”

这是一个很有代表性的提问。对此，首先我想提醒大家，遇到学术方面的问题，固然也可以偶尔参考维基百科、百度百科，但是无论如何不能够以它们为准。这是网络时代我对你们在思想路线方面的一个技术性的忠告。对于学术方面的问题，还是要自己思考一种理论的建构是不是合理，这种理论是不是有道理，是不是具有真理性。当然可以引经据典，但是最后还是要自己判断一种理论是不是有道理，是不是具有真理性。

至于具体什么叫作“劳动决定论”，其实你们比我更清楚。我记得上一次课讲劳动决定论的时候，语句念到一半，你们就把后面的都背出来了，就是说，“商品的价值由凝结在商品里面的社会必要劳动时间量来决定。”然后在课间休息的时候，还有同学补充说，“社会必要劳动时间量”前面，还要加上“无差别的”这么几个字。你看，具体文字你们不是掌握得挺好吗。在说了价值决定以后，然后还允许价格依据什么因素“围绕价值波动”，这样落实到价格。这不是很清楚的理论吗？虽然不对、不科学，却也说得很清楚了，而且你们也会背。为什么还要找维基百科？

需要强调的是，现在我们批评价格机制的劳动决定论，不需要再跟着它的定义绕。我们直接就讨论商品的价格是由什么决定的，同时也就讨论了由劳动决定是否符合事实。我在课上说了，现在全世界除了中国一小部分人还在坚持劳动决定论外，全都是接受市场决定论或者说供求决定论的：供不应求，价格就上升；供大于求，价格就下降。原来你们学的劳动决定论，首先插入一个难以捉摸的与价格分离的“价值”，这“价值”本身已经无法把握，所以句子修修补补写得很长。尽管插入了难以捉摸的与价格分离的价值，但是说来说去，决定的因素还是劳动。难道不是这样吗？我们要否定的就是这种理论，否定商品的价格归根到底要由凝结在商品当中的劳动时间量来决定的理论。

如果以为批评或者否定一种理论，就一定要顺着它的逻辑走一遍，那就上当了。因为漏洞百出修修补补，价格机制的劳动决定论是一个庞大的学术谜团。正是这个庞大的谜团，成了“坚持”和“捍卫”劳动决定论者的盾牌。以前的情况更是这样，你想批评劳动决定论，或者只是有一点不同的意见，“捍卫者”马上问你：《资本论》读过没有？读过几遍？据说没有读过多少遍，就没有发言权。我们不要上这种规矩的当。

理论探讨，不一定总是从定义开始。事实上还有些东西，本身就不需要“明确”的定义。现在讨论的价格机制的劳动决定论，是需要定义的，就从你们中学时候学来的定义出发就可以了，维基百科不见得就比中学课本权威。另外，固然从维基百科可以找来劳动决定论的三种定义，也许别的地方还可以找到第四种、第五种呢。同学们的劳动是宝贵的，不必把我们本来宝贵的劳动，耗费在搜罗所有人为劳动决定论写过的各种定义上。实际上，在坚持价格机制劳动价值论的学者之间，他们相互也是争论不休的。什么第一种形态的劳动、第二种形态的劳动等，谁也说服不了谁。这只要翻翻20世纪90年代的《经济研究》和《中国社会科学》就知道了。你跟着他们走，永远绕不完。

下面讨论另外一位同学来信提出的问题，他提得非常尖锐：“中国资源相对价格过低的现象，真的能够说明这是劳动决定论的错误吗？”那我要再次告诉大家，根子就是价格机制的劳动决定论。我们国家的计划经济体制，是在1954年确立的。当年就是这样来制定价格的，所以我们的资源价格被压得太低，以至于资源被糟蹋得很厉害。后来是有突破，特别是改革开放以后，有很大的变化，竞争性商品的价格变化尤其大。但是未开发资源的价格，迄今为止却仍然非常低，严重偏离未开发资源的社会稀缺性。石油在全世界都已经非常稀缺了，为什么在我国开采石油的资源税迄今为止还是那么低？这就是价格机制劳动决定论的恶果啊。

当然我们也观察到，蔬菜、衣服这些竞争性商品的价格，已经基本上摆脱了劳动价值论的扭曲，回归到反映商品在市场上的稀缺性的合理轨道。但是反映在资源税上的未开发资源的价格，还是远远没有摆脱劳动决定论的扭曲。为什么会这样呢，就是因为这些行业不开放竞争，一直被国有大企业所把持。原来资源完全不要钱就给它们，它们轻易就能享受到很高的利润，当然就不那么关心效率了，结果造成非资源成本很高。几十年这么下来，对效率从来没有认真地追求过，却一直享受超高的利润分配。多年来形成的这种利益格局，使得任何回归市场经济的变革，都举步维艰。除此之外，还可以提到一个匹配的因素，就是意识形态方面众所周知的原因，在“坚持”和“捍卫”那完全不科学的经济学理论。

这位同学继续写道：“诚然，物以稀为贵，……由于替代品还没出现，这些资源确实是最为稀少贵重的，但即便我也清楚资源价格过低对整个国家不利，我还是认为您不能将中国资源价格过低的原因，简单归咎为我国对资源的价值评价太低。”对此，其实我已经回答了，如果你暂时还不能接受，可以慢慢琢磨。我还想说的是，最好的原油，每吨资源税三四十元钱，你们能够拿得到吗？设想你们这里任何一个人，每年可以得到两万吨每吨资源税三四十元钱的原油，那么你什么也不用做，只坐在一边，你就发财了。到时候有很多人会跟你说：“你坐着，我来替你做，如果我赚了八百万元，就分给你四百万。”你就这么坐着，四百万就来了。由此你可以想象，为什么这些要紧的东西，全部被一些人垄断起来。为什么说根子是对资源的价值评价过低呢？因为如果原油的资源税涨到每吨几千元人民币，情况就会大不一样。

计划经济体系的惯性，还是很大的，它会紧紧抓住不放。这就是困局。

这位同学还写道：“不可替代品的价格是不可评价的。”对此，我想多半同学都不会同意。商品就是拿到市场上去交换的东西，能够拿到市场上去交换的东西就是值钱的，包括不可替代的东西，例如一枚错版的邮票。国外最精彩的拍卖，就是拍卖一个矿山，矿山还没开采。矿山就是不可再生的东西。

不过这位同学能够把自己的思考写出来，这很好。最怕你不提问题。你提出问题，我有个回应，通过讨论，大家的认识就深化了。这位同学还谈道："我们国家现在石油成品价格已经十分高昂，已经给我国普通民众造成很大压力。"这是真的。"可是在国外，人手一辆或者多辆汽车的情况下，他们比中国高出一点的相对价格并没有使他们停止对汽车的购买。"这个也说得不错。事实上，现代社会对汽车的需求和对石油产品的需求，其"需求的价格弹性"很小。这个弹性概念，我们在第六讲会学到。

"最后一个问题，未开采的矿产真的都是财富吗？虽然您在课上，针对这个问题谈了很多，我还是想提出质疑，我认为所谓未开采资源作为财富的矿产必须建立在对开采前景明确了解上，也就是建立在一种可预见性上。"这个大体也对。但是这里面说到的"明确"，并不是需要大家都明确。还是以矿山为例吧，一座矿山放在这里，有些人不看好它，有些人看好它。假定你们都做企业，而且都是经营矿山的，你们是两百多人，有些人不大看好这个矿山，但有几个人看好它，这几个人就会投标，几百万，两千万，甚至一个亿、两个亿，等等。由于他们竞标，交易价格就会形成。所以，所谓"明确的了解"，不需要是大家一致明确的了解。另外，这个例子也说明，商品的市场价格是由出价最高的人来决定的。

上次上课我跟大家说，经济学学习除了好好读书、好好讨论以外，想象力和观察力也很重要，这位同学就有挺好的想象力。事实上他还写道："如果一种草，草里面有一种原子，提取出来以后，一粒原子就可以等于现在一颗原子弹，那么未知的草是否有原子弹等同的价值呢？"你看，他的想象力相当丰富，想象有人发现一种草，它的一个原子就相当于一颗原子弹。我可以说，假定有人发现了这样一种东西，并且他也懂一点市场决定价格的道理，那么因为奇货可居，他就容易在市场上获得成功了。

以前课本上说我们中国地大物博，后来大家知道不是这么回事。现在中国剩下来真正优势的东西，可能就是一个稀土资源，而且现在仍然很便宜地卖给国外。比如卖给日本就很多。日本的厉害在于，四五十年以前，早在你搞不清楚的时候，它跟你买煤，就指定要某个地方的煤。这些煤它买回去也不烧，而是埋在地下，因为日本人知道那个地方的煤里面富含稀土资源。可是在我们方面，却把这些煤当普通的煤卖给日本，我们还觉得很高兴，以为我们有价格优势。所以，这位提出"原子草"的同学的想象力，不是没有一点意义的啊。

他问："资源利用效率低下的问题，真的能够通过供应决定论解决吗？"这里"供应决定论"多半是笔误，问的应该是供求决定论。回顾我说的，资源效率低下只有通过体制改革，不让国有企业垄断，允许私营企业甚至外国企业来竞争，才能够解决。竞争是什么意思，就是让市场决定价格的机制发挥作用。面对竞争，国有垄断企业肯定叫苦，如果他们一叫苦，发改委、国务院就拨钱给他们，并且不让其他企业进来竞争，那就没有办法。同学们从上小学开始，没有离开过学校，可能对实际的社会生活不大了解。假如你们到市场上去，你看市场上那些小摊贩，那生意真是不容易做啊。广东的蔬菜看天吃饭，"回南天"一来，蔬菜上市很多，卖不出去，小贩怎么办呢？哭都没地方哭。

这些年据说为了国民经济运行得平稳一点，政府一再给国有石油企业几千亿的资金支持，一再给国有银行几千亿的资金支持。在这种情况下，它们哪里会注重提高效率呢。所以，一定要进行体制改革，打破垄断，引入竞争，让市场机制发挥作用。

这位同学还是很难接受价格机制的供求决定论，所以最后他说："所谓供求决定论治标不治本，说到底还是靠科技的进步。"对此，我是不同意的，我觉得说到底就是要进行体制改革，落实在经济领域呢，就是打破垄断、引入竞争。至于科技进步，那么我愿意跟大家说，改革开放之初，邓小平同志提出科学技术是第一生产力，很了不起，因为那个时候知识分子处境很不好，甚至认为一个人知识越多越反动。过了20年，有学者提出来，科学技术不是第一生产力，人才才是第一生产力。但是我觉得，从根本上说，制度才是第一生产力，或者说好的制度才是第一生产力。陈志武教授写了一本书，书名是《为什么中国人勤劳而不富裕》。你们的生活比你们的父母好多了，比你们的爷爷奶奶更是好多了，比方说好了十倍、一百倍。但是你到发达国家去看看，人家没有我们那么辛苦，他们却过得比我们好很多，快活很多。为什么会这样呢？原因固然很多，其中一个重要原因，就是在我们国家，做事情的制度成本很高。许多事情不许你干。有些事情虽然可以干，可也阻力重重。因为制度不好，你先就要消耗掉许多东西，消耗掉许多努力。比方你付出一百分努力做成了一件事，其中八十分的努力就去对付制度障碍了。

制度好了，人才辈出，科技也会上去。为什么在大陆工作的学者没有人拿到过诺贝尔奖？为什么其中一些人到美国等发达国家去了，就能够做出很伟大的发明和发现，成为世界著名的科学家？制度因素实在非常非常重要。

【花絮】知识分子被贬为“臭老九”的时候，还有一个情况，就是如果说一个人“能说会道”，那差不多就等于说他不是好人。现在看来，这不是很搞笑吗？但当时许多领导真的是这样看人的，一句“能说会道”，就可以把人贬死。同学们你们读大学，要尽可能把自己训练到能说会道。能说会道有什么不好？美国有一张邮票，上面的一句话是：说出来，是自由的前提。你要是自己的要求都没法说出来，那人家也不容易帮助你。

另一位同学发邮件对我说，他曾经拿萨缪尔森的《微观经济学》来看，觉得看不懂，但是第一次听我上课，觉得自己听懂了，感到很高兴。这里我想告诉大家，把经济学的东西真正搞懂，还是需要花费心力的。觉得自己听懂了，固然很好，但是听懂到什么程度，还很难说，不可大意。这要看随后的学习。特别是不能遇到一点困难，就觉得怎么又不好懂啦。

【对录音整理的一点意见】上次的课以后，马上有同学自愿给我整理讲课录音，非常投入，效率很高。我诚恳地感谢他们。可是也有一个问题我想提出来与大家讨论，那就是不要因为自己觉得不重要，就放过了一些内容。重要不重要，要由讲课的人来判断。例如我说到，在两个世纪以前，英国与法国都各有一本小说，描写底层的人怎么往上爬，法国的《红与黑》讲的是一个男的怎么往上爬，英国的《名利场》则讲一个女的怎么往上爬。可是在两位同学整理时，《红与黑》与于连就不见了。也许他们觉得《红与黑》和于连与经济学没有关系。但是如果我的讲稿发表出来变得只有一条一条经济学原理，那我会感到失落。

你们的笔头都很好。我对你们的另外一个忠告，就是所谓避免“口语化”的劝谕，我觉得很没有眼光。《红楼梦》当初就因为口语化不登大雅之堂，一百年前的“新文化运动”也是这样。我们固然要提倡书面语言简练，但是有些口语也可以吸收进来。好几位编辑都曾经擅自修改我的文字，理由是口语化。我的态度是，对于任何修改意见，我都一律欢迎，但最后是否采纳，必须由作者本人决定。他们肯定是接受过学院派的严格训练的，可以说是忠于避免口语化的原则吧。有一次我只好跟他们说：“你们有没有遇到过一个作者，他的文章曾经成为全国高中生语文课本的范文？如果你没遇到过，那么我告诉你，我就是一个。”

大学课本干巴巴，是普遍的现象。30 年前我刚到美国去的时候，看到一本大学理工科的课本，作者文字生动，甚至把他读书时候的故事都写进去了。我曾经写了一封信给那本书的作者富兰克林教授，讨论问题以外，还对他的写作表示欣赏。在回信的后半，他说："你欣赏我的写作，我当然很高兴。看名字，你多半是个中国人。如果你是个中国人，你应该知道林语堂。你夸奖我写得好，我是从林语堂那里学来的，林语堂的《生活的艺术》，有一章专门强调写文章最好从自己身边讲起。"我的文学底子很薄，特别是修辞很差。可是也有不少读者喜欢我的写作。读了富兰克林的回信，我才明白，不少人喜欢我的文章，是因为正好我喜欢从身边写起，喜欢讲故事。

总之，不要把难得生动的大学教学，变成干巴巴的几条道理。

2–1　需求曲线和供给曲线

今天开始，我们逐一讲述经济学的若干基本元素，包括一些基本概念、基本方法和简单模型。我们特别强调用曲线和图形来表达相应的经济学关系。所以，下面我的讲述要结合曲线和图形来展开。初次接触这样的教学，大家特别要注意我画的每一条曲线是什么意思。微观经济学的一种主要讨论方法，就是通过几条重要的曲线，表达相应的经济学变量之间的数量关系，进而推导出相应的经济学结论。今天学的，是需求曲线和供给曲线。同学们也要学会怎么画这些曲线，就在草稿纸上面画。我还建议大家不用尺子，直接用手画。

设想你们去旅游，渴得不得了，带的水都喝光了，你就很想买到一瓶水来喝。但是这时候为了买到一瓶水，每个人愿意出的价钱不一样。有些人会想，这水往常也就一二元钱一瓶，如果现在卖三四元钱或者再高一点点，也是可以接受的，太高就不肯买了，可能他也不是非常渴。另外一些人呢，实在是快渴死了，“救命要紧”，六七元钱一瓶水都愿意买。还有一个因素是支付能力不一样。有些人觉得多出几元钱不算怎么回事，有些人觉得“多”出两三元钱就挺紧张的。由此你容易明白，对于同一种商品，顶多愿意出多少钱买它，每个人是不一样的。对于一种商品，某人顶多愿意出多少钱买它，就叫作这个人对于这种商品的**保留价格**（reservation price）。大家有不同的保留价格。以上面所说的旅游过程中想买瓶装水为引子，大家可以体会，在任何一种商品的市场上，潜在的购买者愿意出多少钱买这种商品，每个人是不同的。也就是说，他们对于这种商品的保留价格是不同的。这是一种普遍的现象，不仅容易想象，也很容易观察。

有些同学愿意把保留价格理解为心理价格，大体上也可以。

下面首先要讲的，就是怎样从市场上众人购买某种商品的保留价格，形成市场对这种商品的一条**需求曲线**（demand curve）。

首先，我们画一条表示价格 P 的纵轴，再画一条表示需求量 Q 的横轴，构成一个直角坐标系。还是拿上面在旅游点买瓶装水来说吧，有一个人他很渴，支付能力也强，比方说每瓶水 10 元钱他也要买。你看，这里价格 P 是 10，有一个人 10 元钱一瓶也要买，那么我们就从纵轴上 $P=10$ 的地方，向右画出去直到 $Q=1$ 的位置。接下来，假定有两个人，原来 10 元钱一瓶，他们是不肯买的，但是 9 元钱一瓶他们愿意买了。于是，我们从原来到达的 $P=10$、$Q=1$ 的地方，下降到 P=9，再向右画两格，到达 $P=9$、$Q=3$ 的位置。为什么是 3 而不是 2 呢？因为对于 10 元钱一瓶也愿意买的人，现在 9 元钱一瓶他当然愿意买，所以 9 元钱一瓶的时候愿意买的人不是两个，而是三个。接下去按照同样的方法，8 元钱、7 元钱、6 元钱……这么做下去，我们就得到一条阶梯形下降的折线 D，这就是那个旅游点瓶装水小市场的需求曲线。

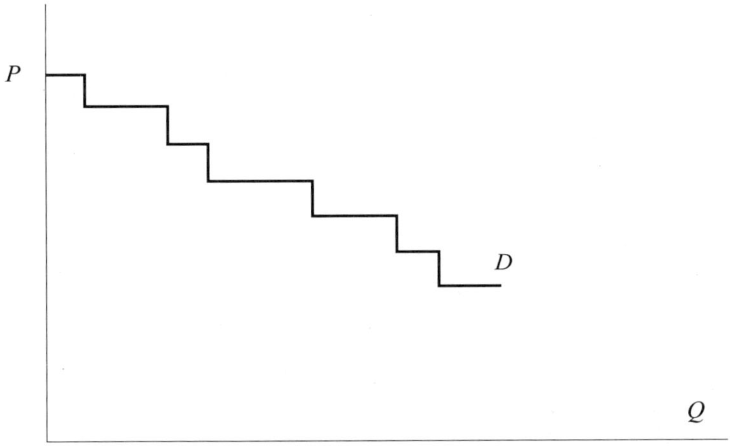

图 2-1 阶梯形需求曲线

当然，实际市场价格的可能变化，并不总是一元钱一元钱那么变化的，也可能是五角钱五角钱那么变化，甚至可能是两角钱一角钱那样变化。如果是这样，上述阶梯形需求曲线“楼梯”每一级的高度矮一些就是了。

容易想象，如果是一个潜在的购买者比较多的大市场，并且潜在价格的变化幅度相对来说比较小，那么这条阶梯形需求曲线，就成为阶梯的“锯齿”变得非常细小的需求曲线。设想潜在的购买者越来越多，并且允许潜在价格的变化幅度可以非常小，最终阶梯形的需求曲线，就变成一条下降的光滑的曲线。“光滑”本来是数学术语，说的是光顺的意思。我们这里所谓“光滑”，可以理解为原来阶梯形需求曲线的那些“锯齿”，都太细小了，以至于整条需求曲线 D，看起来就像磨平磨滑了一样。

在以后的讨论中，我们一般只考虑如图 2–2 那样光滑下降的需求曲线。

接下来我们讲供给曲线。需求曲线表现的是买方的情况，供给曲线表现的是卖方的情况。对于卖方，你要想象一瓶同样的瓶装水多少钱他才肯卖。这也是不一样的，至少你可以想象有些人就是想每瓶水都多赚一点，有些人则愿意便宜一点以便很快出手。对于潜在的卖方，至少多少钱一瓶水他才肯卖，叫作他的保留价格。

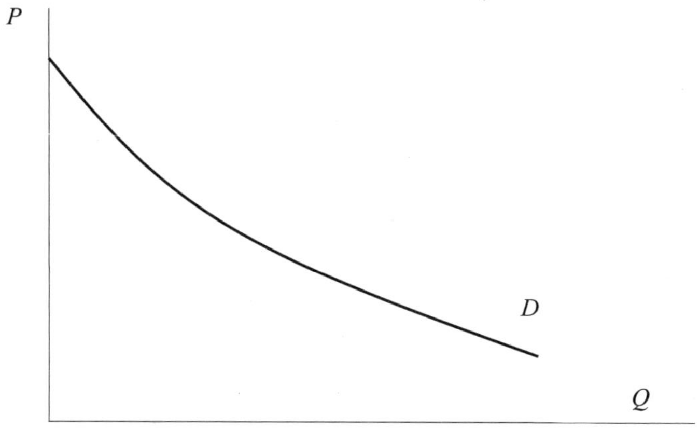

图 2-2　标准的需求曲线

如果你觉得瓶装水市场卖方不同的保留价格不够典型，那我再举两个例子。比方说买番薯，你说三元钱一斤太贵了，摊贩可能会说，来货就已经两块八一斤了，三元钱一斤不能再降。也可能旁边一个摊贩觉得番薯是自己种出来的，便宜一点就便宜一点，他愿意两块多钱卖给你。确实有这样的情况，因为番薯是他自己种出来的，他对于自己的劳动没有充分的估价，愿意卖得便宜。这不就出现不同的保留价格了吗？再说一个出租房间的例子。假定两个人各自准备短期出租条件一样的一个房间，一个人急着用钱，便宜一点也愿意出租，另外一个人不等着用钱，他就会比较倾向于“待价而沽”。所以，在同一商品的市场上，不同的卖者会有不同的保留价格。

有些卖者等待比较高的价格才愿意出售，有些卖者在比较低的价格也愿意卖，这就形成一条上升的**供给曲线**（supply curve），其机理，与前面我们从潜在的买者不同的保留价格形成市场下降的需求曲线完全一样，这里就不重复了。上升的道理也很清楚，假定说3元钱你才肯卖，那么在4元钱的价位，你肯定也愿意卖。总之价格越高越愿意卖的越多，所以供给曲线 S 就向右上方上升了。

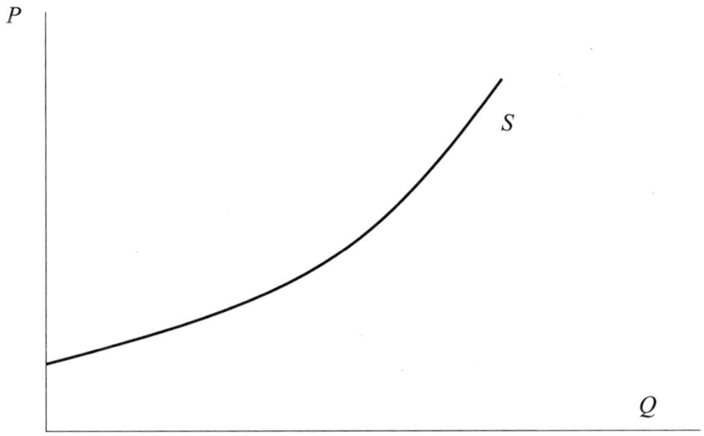

图 2-3　标准的供给曲线

从原理上说，需求曲线和供给曲线做起来都很简单。相信在座的同学都感觉到，接受这两条曲线没什么困难。但是，有没有同学意识到，现在我们画的曲线，与你在中学画的各种曲线，有个很不一样的地方？在中学你们画抛物线、正弦曲线、余弦曲线，以及其他曲线，自变量都表达在横轴上，而现在，在画需求曲线和供给曲线的时候，自变量却表达在纵轴上。这是根本的不同。需求曲线和供给曲线的自变量在纵轴，这说明什么呢，说明是价格决定愿意购买的数量，即价格决定相应的需求量，价格决定愿意拿出来卖的数量，即价格决定相应的供给量。明确这个区分非常重要。经济学的曲线和图形，基本上和数学上的情况一致，重要的不同，就是自变量可能在纵轴上。这是一开始就要注意的。事实上，如果经济学曲线的自变量老是在纵轴上还好，“要命”的是有些经济学曲线的自变量在纵轴上，有些经济学曲线的自变量在横轴上，并不统一。所以如果不“觉悟”自变量究竟是在纵轴还是在横轴，就容易造成混淆。

【注记】为什么不把自变量统一在横轴呢？这是因为，固然统一有统一的好处，不统一却也有不统一的好处。例如在讨论垄断企业如何制定价格的时候，最重要的是企业的平均收益曲线和企业的边际收益曲线。**平均收益**（average revenue）曲线 *AR*，是横轴的供给量 *Q* 决定纵轴的平均收益 *AR*，这个平均收益 *AR*，就是交易价格 *P*。**边际收益**（marginal revenue）曲线 *MR*，是横轴的供给量 *Q* 决定纵轴的边际收益 *MR*，也以价格 *P* 来衡量。可以证明，在垄断的情形，市场的需求曲线 *D* 和企业的平均收益曲线 *AR* 重合。这个事实对于讨论垄断现象非常重要。但是需要注意，这两条曲线只是重合，并不是同一条曲线，因为需求曲线是价格 *P* 决定需求量 *Q*，而垄断企业的平均收益曲线，是供给量 *Q* 决定平均收益 *AR* 即交易价格 *P*。许多课本说，在垄断的情形，市场的需求曲线就是企业的平均收益曲线。这在概念上是站不住的，是误导的说法。

不过，我们这门入门性质的课程不会讲到垄断企业的价格制定。有心得的同学可以尝试借助图 3-1，理解在垄断的情况下，市场的需求曲线 *D* 和垄断企业的平均收入曲线 *AR* 重合。有进一步兴趣的同学，可以参考经济学专业中级以上的微观经济学教材，包括欧瑞秋和我编著的《图解微观经济学》。

回到需求曲线和供给曲线，自变量 *P* 在纵轴。对于需求曲线，可以想象价格很高的时候市场对这种商品的需求量很少，高到一定程度，根本就没有人买，也就是需求量为 0。重要的是知道，需求曲线是从左上方往右下方伸延，而供给曲线则是从左下方往右上方伸延。

2-2 单个商品市场的部分均衡

对于某种商品，既有需求也有供给，就形成这种商品的一个市场。上升的需求曲线和下降的供给曲线会交叉在一个地方，这个交叉点给出这种商品

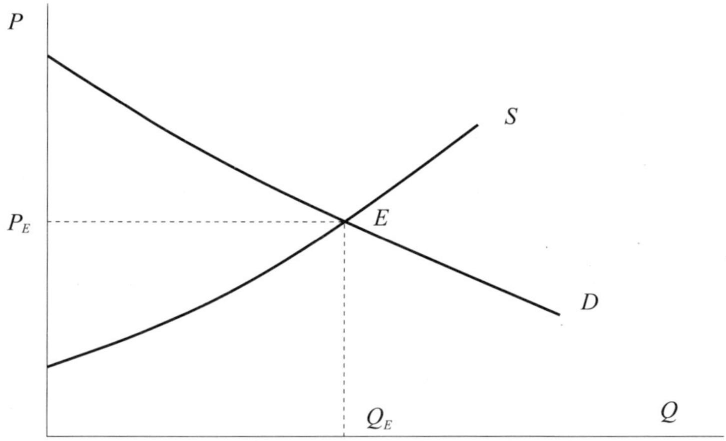

图 2-4 单个商品市场的均衡

的市场均衡（equilibrium）。均衡由均衡价格 P_E 和均衡交易量 Q_E 这一对经济变量组成。具体来说，交叉点的高度，就是均衡价格，交叉点对应下来的横坐标，就是均衡交易量。注意单个商品市场的均衡包含一对参数，一个是均衡价格 P_E，一个是均衡交易量 Q_E，可以写成 $E=(P_E, Q_E)$。许许多多潜在的买家，许许多多潜在的卖家，组成了这么个市场，这个市场按照这个均衡价格交易，交易成功的有均衡交易量这么多。

现在请大家在供给曲线从均衡位置伸延上去的部分随便画一个点。这个点是被排斥在交易之外的。这是什么意思呢？就是在这个点的价位，愿意出售的很多，愿意购买的没有这么多，市场供大于求。请大家进一步把愿意出售的有多少和愿意购买的有多少画出来。供大于求迫使价格下降，使市场趋于均衡。同样，如果在需求曲线从均衡位置伸延下去的部分随便画一个点，这个点也被排斥在交易之外，因为在这个点的价位，东西便宜，愿意购买的很多，愿意出售的没有这么多，市场供不应求。供不应求迫使价格上升，同样使市场趋于均衡。

需求曲线上的每一个点，都可以想象为一位潜在买者的保留价格。比方说有人 8 元钱那么高的价格他都愿意买，结果因为有市场，市场均衡的价格不是那么高，只是 5 元钱，等于市场告诉你，不用出那么多钱，5 元钱就够了。原来他 8 元钱也愿意买，但是因为有市场，结果他 5 元钱就可以买到了，供求双方的市场力量决定了这个 5 元钱的均衡价格。8−5=3，这 3 元钱就是这位买者因为有市场而得到的好处，我们暂且把它叫作这位买者的**市场得益**。所有按照 5 元钱这个市场价格成功地购买了这种商品的买者的市场得益加在一起，形成图中位于需求曲线下面和均衡价格上面的曲边三角形，三角形的面积，刻画所有买者的市场得益的总和，叫作这个市场的**消费者盈余**（consumer surplus），这里，习惯把买者通称为消费者。

再看供给方面。比方说有些卖者的保留价格是 3 元钱，就是说价格为 3 元钱也愿意卖，可是因为市场的存在，市场给出的均衡价格是 5 元钱，于是他不必在 3 元钱那么低的价位出售他的商品，而是在 5 元钱这个均衡价格出售，5−3=2，结果他每出售一件商品就实现了 2 元钱的市场得益。所有按照 5 元钱这个市场价格成功地出售了这种商品的卖者的市场得益加在一起，形成图中位于供给曲线上面和均衡价格下面的曲边三角形，三角形的面积，刻画所有卖者的市场得益的总和，叫作这个市场的**生产者盈余**（producer surplus），这里，习惯把卖者通称为生产者。

说到这里，我们从理念上提请大家注意，经济学关心的市场交易，并不是你们过去在政治经济学常识课上非常看重的“等价交换”。事实上，市场上发生的交易，都是不等价的交换，是互利的不等价的交换。这瓶水对于那位卖者值 3 元钱，对于另一位买者值 8 元钱，结果因为市场的存在，他们按照市场价格比如说 5 元钱成交。在这一不等价交换之中，那位卖者赚了 2 元钱，那位买者则省了 3 元钱。这是一桩互利的交易，交易双方一共实现了 8−3=5 元钱的交易利益，其中卖者分享了 2 元钱，买者分享了 3 元钱。

互利的不等价的交换，就是我们的先贤墨子所说的“交相利”。我们在

第五讲还要回到这个问题上来。

我觉得最好的教学，就是课堂上解决问题的教学，不用预习也不用复习的教学。具体到微观经济学，我还要求同学们在课堂上就跟着我做。能够跟着我做下来的同学，对我课上所讲的概念和方法，会理解得比较好。当堂的理解，效率自然比较高。下面我们就做做看。

请大家随便拿出一张草稿纸来，画上直角坐标系，纵轴标记 P，表示商品的价格，横轴标记 Q，表示商品的需求量、供给量和最后的交易量。然后在上面画一条典型的需求曲线，标记 D，再画一条典型的供给曲线，标记为 S。需求曲线和供给曲线的交点，就是这个商品市场的均衡，标记为 E。

现在请大家考虑，怎样在这个基本框架上，表现需求膨胀。为此，首先需要明确什么叫作**需求膨胀**。我们所说的需求膨胀，指的主要是在同样的价位，市场对于这种商品的需求量增加。比如说原来价格 8 元钱的时候愿意买一瓶瓶装水的人有 10 个，现在价格 8 元钱愿意买一瓶瓶装水的人有 20 个。当然，更普遍的情况不是购买一件商品的人增加了，而是一方面想购买这种商品的人在增加，另一方面有些原来就想购买这种商品的人现在想多买一些，这样两个因素共同作用的结果。

那么，怎样把需求膨胀表现出来呢？请同学们在原来一条需求曲线 D 和一条供给曲线 S 交叉的基础上，思考怎样才能够表达膨胀了的需求。很快，我们看到一些同学画出来了，多数都画得对。表现膨胀了的需求的，是一条在原来的需求曲线右面的新的需求曲线，请大家把它标为 D'。画得对，说明你们对于自变量在纵轴上的背景，已经有了一定的把握：在同样的价位，现在的需求量比过去的大。

几个细节需要提醒一下。首先，个别同学开始的时候画的新旧需求曲线交叉，不过很快自己就纠正过来了。如果新旧需求曲线交叉，那就意味着在有些价位需求膨胀，而在另外一些价位需求收缩，不是我们所说的单纯的膨

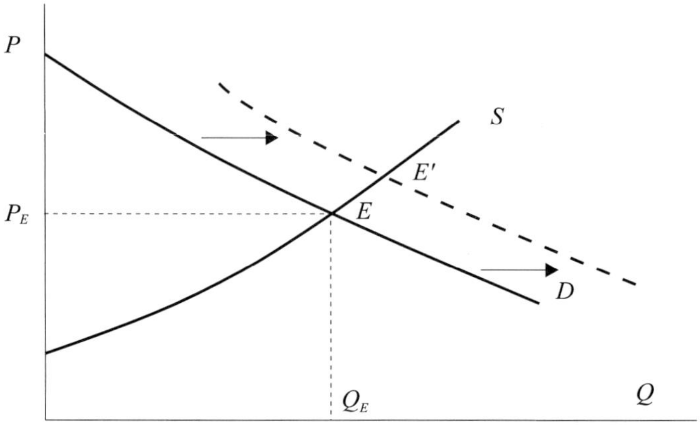

图 2–5　需求膨胀

胀。其次注意，新旧需求曲线之间，不必追求“平行”扩张，因为在不同的价位，需求膨胀的程度可以不一样。

接下来请你们据图思考，需求膨胀对市场均衡有什么影响。市场均衡有两个参数，分别是均衡价格和均衡交易量。从图上可以看得很清楚，需求膨胀以后，均衡 E 向右上方移动，变成 E'，均衡价格上升，均衡交易量也上升。

需求膨胀清楚了，供给膨胀也应该会了。一种商品赚钱，会吸引很多人跟着做。广东一些地方是从做电风扇开始富裕起来的，吸引许多人来做电风扇，结果在同样的价位，电风扇的供应量比原来增加，造成供给膨胀。那么供给膨胀怎么表达？这个图一半同学画对了，一半同学没画对。为什么那么多同学没有画对？这是因为对于自变量在纵轴，还没有非常清楚的认识，不由得就以为膨胀就必须在原来曲线的上面。仔细想想，因为自变量在纵轴，膨胀了的供给曲线，应该是在原来供给曲线的右下方。

两种情况合起来，就是一句话：膨胀是向右的膨胀。需求曲线原来下降，向右膨胀以后到了右上方的位置；供给曲线原来上升，向右膨胀以后就到了右下方的位置。

别的条件如果不变，供给膨胀后对市场均衡有什么影响？从图上看得非

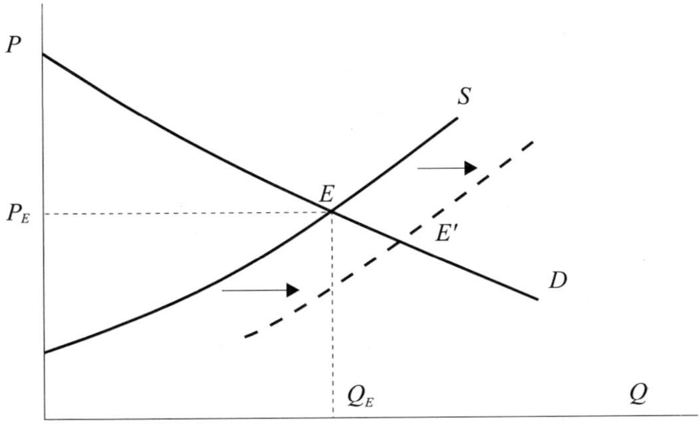

图 2-6　供给膨胀

常清楚，均衡向右下方移动，均衡价格下降，均衡交易量则上升。这种很简单的几何方法，非常清楚地刻画了市场变化的情况。等到大家都做电风扇，电风扇的价格就下降了。

以上讨论了单独需求膨胀的影响和单独供给膨胀的影响。下课以后，同学们自己思考需求和供给同时膨胀会给市场均衡带来什么影响，方法都是画图。另一方面，膨胀会做了，收缩也应该会做。需求收缩，导致需求曲线左移，在原来的需求曲线的左下方；供给收缩，导致供给曲线左移，在原来的供给曲线的左上方。这些都清楚了以后，就可以进一步讨论需求和供给都收缩的结果，需求膨胀但是供给收缩的结果，以及需求收缩但是供给膨胀的结果。注意每种情况都不止一种结果。

2-3　刘易斯拐点

你们很多同学都准备往财经类媒体发展，想必听到过“刘易斯拐点”的说法。经济学最基本的一种分析框架，就是我们上面讲的需求曲线和供给曲线交叉的均衡分析。原则上，需求膨胀会引起均衡价格上升。可是在我们中国，自从30年前开始改革开放，就有原来的农民离土离乡到广州等地来打工，收入是比较低的，比方说每个月的收入才六七百元，而且低工资的时间拖得很长。照理说那时候私营的、外资的和合资的企业越办越多，企业吸纳的劳工越来越多，所以对劳动力的需求一直在膨胀。既然对劳动力的需求一直在膨胀，那么劳动力的价格也应该上升啊，但是我们却看到，在十几年时间里，市场的劳动力价格基本上没有明显上升。

需求膨胀理应导致均衡价格上升，可现在很长一段时间里面一方面需求持续膨胀，另一方面市场均衡价格基本上没有上升。不仅中国是这样，非洲一些国家也是这样。这是不是说明需求曲线和供给曲线交叉的均衡分析理论错了呢？

美国普林斯顿大学经济学教授刘易斯（W.A. Lewis），曾经长期担任非洲国家加纳的经济顾问，他对于不发达国家的经济发展和经济起飞，有深入的研究，并且因此获得1979年度经济学诺贝尔奖。刘易斯注意到，在一些欠发达国家，劳动生产率很低的农业部门，可以释放的富余劳动力很多，这就造成很迟才开始上升的劳动力供给曲线。供给曲线仍然上升，但是很迟才开始上升。劳动的供给曲线开始上升的这个地方，即图2-7空心圆点的地方，叫作**刘易斯拐点**（Lewisian turning point）。

这样一来，在需求膨胀的最初的一个长时期内，市场的均衡价格基本上保持不变，只有需求膨胀得需求曲线与供给曲线的交点在供给曲线上越过刘易斯拐点 L，开始沿着供给曲线上升的时候，进一步的需求膨胀才会带来市场均衡价格的明显上升。

改革开放之初，先行一步的广东，把几百万“农民工”吸引过来，工资水平大约是每个月六七百元。广东再发展，又把新的几百万人吸引过来。在农村每个月一二百元的工作都找不到，在珠江三角洲却可以找到每个月六七百元的工作，所以他们愿意来。因为农村富余劳动力实在很多，所以一

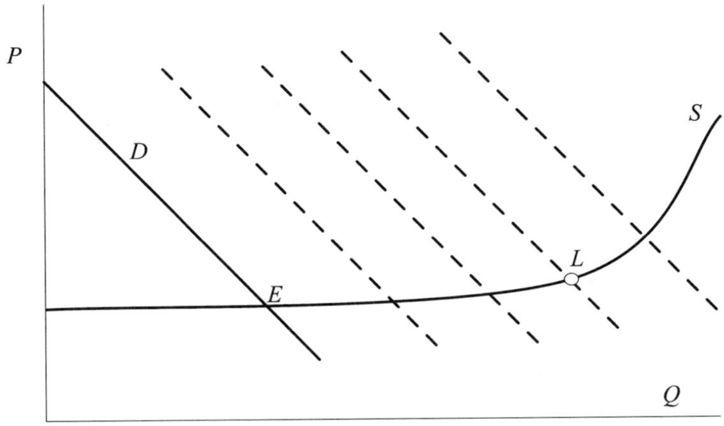

图 2-7 供给曲线很迟才开始上升的市场均衡

方面对劳动的需求一直在膨胀，另一方面工资水平却没有显著上升。一直到差不多二十年以后，对劳动的需求已经膨胀到越过了刘易斯拐点的地步，在沿海先行一步地区打工的工资水平，才开始显著上升。

刘易斯是英国籍的黑人经济学家。他出生在英国的属地，后来到英国伦敦经济学院受教育，是哈耶克的追随者，最后在普林斯顿大学当教授。他那时研究为什么对劳动的需求一直在膨胀，工人的工资却还是上不去。他把研究心得归结为供给曲线的不同特性，不是我们熟悉的标准的供给曲线，而是水平向右走了很久，过了一个拐点才开始上升的供给曲线。不要小看刘易斯拐点。在基本理论的层次上，我国那些受到狂热追捧的经济学家，都还没有“刘易斯拐点”那样貌似非常简单的贡献。

2-4 市场的厚薄

刚才有同学问，假定愿意以 8 元钱买一瓶瓶装水的人有 3 个，而且正好也有人愿意以 3 元钱的价格出售 3 瓶瓶装水，那么他们会以怎样的价格成交。

这个问题很好。如果我们讨论的市场只由愿意8元钱买一瓶瓶装水的3个人和愿意以3元钱的价格出售3瓶瓶装水的一个人组成，那么交易价格可以是3元钱到8元钱之间的任何价格，至于究竟是4元钱5元钱还是6元钱7元钱，要看双方谁的讨价还价能力更强。

任何人拿东西到市场上去卖，原则上都希望卖个比较高的好价钱。同样，任何人到市场上去买东西，原则上都希望实现比较低的好价钱。买卖双方对于“好价钱”的预期，正好相反。这时候就需要讨价还价。讨价还价是一件消耗很大的事情，其中一个因素，就是谁求谁更多，谁更有耐心。如果卖水的人坐在那里乘凉，你却渴得不得了，而且导游又催促你赶快，那恐怕就要按照6元钱7元钱甚至更高的价位成交了。相反，如果你不是那么渴，你带着的水还没有喝完，只是考虑多买一瓶备用，那很可能就在5元钱甚至4元钱的价位成交。

如果某种商品的市场的参与者很少，经济学上说这个市场很“薄”。最薄的市场，是只有一个买者和一个卖者的市场。上面这位同学提出讨论的市场也很薄，愿意以8元钱买一瓶瓶装水的人只有3个，而且正好也只有人愿意以3元钱的价格出售3瓶瓶装水。对于这个市场，需求曲线如图2–8左，供给曲线如图2–8中。市场均衡由需求曲线和供给曲线的“交点”决定，但是现在这种情形的“交点”，是图2–8右需求曲线和供给曲线重合的最粗的那整个线段。也就是说，交易这3瓶瓶装水，成交价格从3元钱到8元钱都有可能。

同学们也许不太习惯这种利用曲线做经济学分析的方法，那我们暂时只再讲一点点小变化，让大家体会一下曲线分析的魅力。

前面假定愿意以8元钱买一瓶瓶装水的人有3个，而且正好也有人愿意以3元钱的价格出售3瓶瓶装水，讨价还价的结果，他们可能会以3元钱到8元钱之间的任何价格成交。现在变化一点点，就是跑来一个人，他想买一

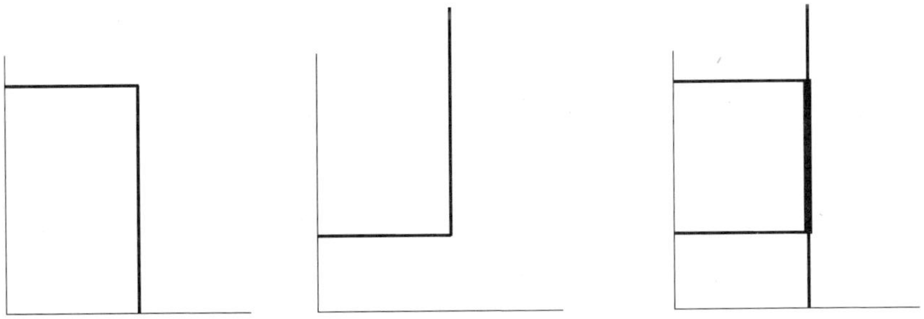

图 2-8　例子情形的交易价格决定

瓶瓶装水，但是他的保留价格不是 8 元钱，而是 7 元钱。这时候，市场只是厚了真正一点点，讨价还价的结果，却大相径庭：这个要求交易价格比较低的人参与市场交易的结果，不是让交易价格下降，反而是让交易价格上升！

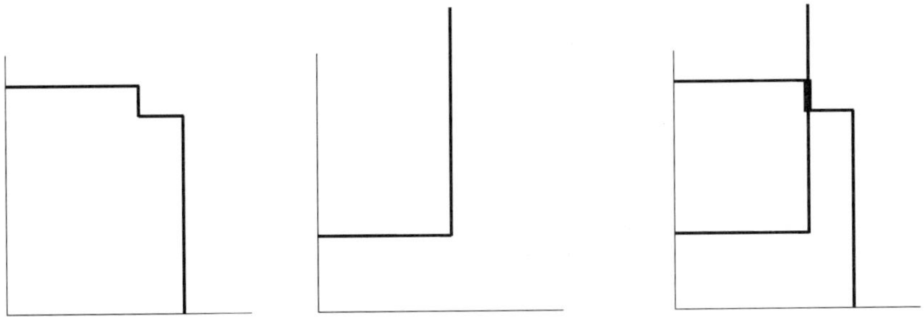

图 2-9　有人掺和进去的交易价格决定

道理是这样的：因为这个人的参与，需求曲线变成图 2-9 左图的样子，从而需求曲线和供给曲线重合的部分，只有价格从 7 元钱到 8 元钱那么很短的一段。所以，他参与进来的结果，交易价格一定不低于 7 元钱。原来可是 3 元钱以上就有可能成交。

你可能觉得，这么画画图，只是纸上谈兵。其实不然。设想你去一个交易不旺盛的市场买苹果，看到买卖双方两个人在为 5 元钱一斤还是 5 块半一斤讨价还价，如果你贸然就掺和进去也要买，正在讨价还价的买方，原则上一定不高兴。经济学道理是你一定会把需求曲线改变，变得对原来讨价还价的买方不利。实际生活里面，如果是买苹果，几毛钱的差别也就算了，在别的要紧的时候，我劝你千万不要轻易掺和到别人的讨价还价里面去，你如果掺和进去，人家会把你恨死。

你掺和进去促使交易价格提高，也可以从竞争的角度来理解。原来是想买 3 瓶水的买方与想卖 3 瓶水的卖方讨价还价，现在是卖方只有 3 瓶水卖而买方一共想买 4 瓶水，于是买方先要在“内部”开展 4 个人当中哪 3 个人可以买到一瓶水的竞争。这个竞争无疑有利于卖方。

如果你在电影中看到过牲口市场的交易，并且你的观察力也不错，就会注意到，牲口交易的讨价还价，是双方秘密进行的，与上面所说讨价还价买苹果不同。比方有人牵一头牛出来卖，有人觉得这头牛不错，就上去讨价还价。整个讨价还价过程，是秘密进行的。原来，他们都穿着袖子很长的衣服，双方在袖子里用“指头语言”讨价还价，不让别人知道。双方的讨价还价秘密进行，就是不让别人掺和进来。

市场太薄的时候，交易之前需要讨价还价。所以，对于太薄的市场，人们也通俗地说这时候“没有市场”，从而只把市场理解为比较厚的市场。讨价还价是非常辛苦的，本身需要很高的成本。但是如果市场比较“厚”，或者通俗地说如果有了市场，需求和供给双方“自然作用”的结果，会形成市场的均衡价格，从而节省市场参与者讨价还价的苦恼。这也是节约社会资源啊。

因为有市场，消费者得到消费者盈余，生产者得到生产者盈余。那么，谁得到消费者盈余或者生产者盈余这种好处比较多呢？这要看在均衡位置，需求曲线陡还是供给曲线陡。如果需求曲线比供给曲线陡，消费者获益比较多；如果供给曲线比需求曲线陡，那么生产者获益比较多。

请大家画图论证上述结论。你们画一条很陡的需求曲线与一条比较平的供给曲线相交，就看到消费者盈余很大，生产者盈余比较小。相反，如果你们画一条比较平的需求曲线与一条比较陡的供给曲线相交，就看到消费者盈余比较小，生产者盈余很大。

陡的需求曲线说明，当价格变化时，需求量的变化比较小。同样，陡的供给曲线说明，当价格变化时，供给量的变化比较小。相反，平的需求曲线说明，当价格变化时，需求量的变化比较大；平的供给曲线说明，当价格变化时，供给量的变化比较大。进一步的道理，以后在 6-1 节讲需求的价格弹性和供给的价格弹性的时候再说。

2-5　对市场的干预

在我们国家，政府对市场干预很多。另外一个重要问题，是国有企业垄断经济的许多部门。这是许多国家不承认我国市场经济地位的主要原因。干预市场的一种形式，是管制交易价格。这种干预以前很多，现在比较少了。

价格干预有压价和抬价两种。先说压价。请大家画需求曲线和供给曲线交叉的图，标出均衡 E 的位置。可是政府觉得这个均衡价格太高了，要把它压低一点，这时候你看供给量是多少，需求量是多少。你会看到，因为价格比均衡位置低，刺激需求量增加，压抑供给量，从而在管制价格这个价位，出现了增加的需求量减去下降的供给量这么大一个“供不应求”的缺口。供不应求就是商品**短缺**（shortage）。因为供不应求，这个缺口迫使管制价格上升。如果政府的管制非常严格，价格不能上升，就会出现黑市交易，交易价格通常比均衡价格还高。

抬价的情况相反。因为规定的价格比均衡位置高，压抑了需求，刺激着供给，从而在规定价格这个价位，出现了减少的需求量跟不上增加的供给量这么大一个“供大于求”的口子。供大于求就是**过剩**（surplus），多余的商品找不到买家，就要降低价格。所以，因为供大于求，这个过剩的口子迫使规定价格向均衡回归。这里有点不理想的是，英文用同一个词“surplus”表达过剩和市场盈余。

2-6 吉芬现象

至此我们所说的需求曲线，都是单调下降的，其经济学意义就是：东西比较贵的时候你已经想买，那么便宜一点的时候你更加想买。需要指出，这个规律是有例外的。经济学的规律跟数学的规律不一样。数学里面的规律是不允许例外的，经济学的规律则可以有例外。如果你发现一条经济学规律，能够论证它在绝大多数情形都有效，那你就赚钱了，就成功了。所谓绝大多数情形有效，就是说可以有例外。对于需求理论，争议很大的一件事情，就是需求曲线有没有不下降的时候。比方说大家熟悉的张五常教授，认为需求曲线不可能上升，而他的老师赫舒拉法，却认为需求曲线有可能上升。张五常教授非常看重的需求规律，说的就是越便宜会买得越多。例外的情形，就是东西贵了市场对它的需求量反而上升，表现为需求曲线有上升的一段。

东西贵了市场对它的需求量反而上升这种现象，叫作“吉芬现象”，英文是“Giffen phenomenon”。吉芬是英国的一个爵士，虽然他不是一个出色的理论经济学家，但是他在两百多年前就观察到并且记录下来一种现象，就是爱尔兰那些贫苦的居民，当土豆的价格上升时，他们反而消费更多的土豆。

人类社会开始可以大规模富裕起来，只有一百多年历史。大家看过英国小说《傲慢与偏见》吧，其中一个没落大家庭有好几个女儿，她们谈到“今年”不能去巴斯旅行了。现在从伦敦坐巴士去巴斯，两个钟头就到，票价 20 英镑左右。可见在英国去巴斯，现在不是一件很花费的事情，不过两百年前这就很让这些在外人面前仍然光鲜的女子苦恼。

当年爱尔兰穷人吃的东西就只有两种，一种是面包，一种是土豆。对于他们来说，面包是奢侈品。吉芬现象说的是，爱尔兰那些贫苦的居民，当土豆的价格上升时，他们反而消费更多的土豆。反映在需求曲线上，就是大势下降的需求曲线，在继续向右发展的同时，有一小段向上的过程。你们画画看，相互评判一下画得对不对。

土豆价格上升，对土豆的消费反而增加。这不符合需求规律啊，因为需求规律说的就是商品的价格上升应该导致对商品的需求量的减少。所以，对于吉芬现象是否可能，后世经济学家里面是有争议的。我是赞成吉芬现象可能发生的。我甚至设计了一个空想的实验，大家看看有没有道理：假定你到一个孤岛国家去旅行，每天发给你 100 点只能当天使用的食品票，而供应给你吃的三餐，都只有两种选择，即 A 餐和 B 餐，A 餐 40 点一份，B 餐 20 点一份。于是，你可以吃两个 A 餐和一个 B 餐。这里你可以想象，A 餐就相当于爱尔兰穷人吃面包，B 餐相当于爱尔兰穷人吃土豆。在这样的约束条件下，假定有一天，B 餐涨价了，从 20 点一份涨到 30 点一份，A 餐仍然保持不变。这时候你怎么选择？你就只能够吃两份 B 餐和一份 A 餐了。于是在这个想象的实验里面，出现了 B 餐价格上升对于 B 餐的需求反而增加的吉芬现象。

总的来说，我觉得历史上吉芬现象有可能发生，但同时认为，它只能发生在经济很不发达市场发育不足的情况下。另外，谈到这种现象，经济学教科书一般写**吉芬商品**（Giffen goods），我觉得还是说吉芬现象比较好。如果叫作吉芬商品，似乎意味着随着价格上升需求量会一直上升。我想，世界上没有这样的商品。顶多只是在价格上升的某一个阶段，并且是比较短的一个阶段，出现需求量的反常上升。

【归纳】今天在细致讨论同学们对于上一次课的问题以后，主要讲了两样东西：一是表达某种商品的市场需求的需求曲线，和表达这种商品的市场供给的供给曲线；二是基于这种商品的需求曲线和供给曲线，怎样做出这种商品的市场均衡。接着谈到的刘易斯拐点、市场的厚薄、对市场价格的干预和吉芬现象，都只是很次要的专题。

课后还是要做作业，特别是把需求膨胀和收缩对市场均衡影响的所有结果做出来，把供给膨胀和收缩对市场均衡影响的所有结果做出来，以及把需求膨胀同时供给也膨胀、需求膨胀但是供给收缩、需求收缩但是供给膨胀和需求收缩同时供给也收缩对市场均衡影响的所有结果做出来。作业本身都很简单，关键是通过这些简单的作业，领会曲线分析的力量。

至于经济学理念方面，如果说上一节课所说的是要否定价格的劳动决定论，那么今天开始的几次课，就是要否定过去一直崇尚的“等价交换”。成功的交易，都是不等价的交换：卖者把对自己值比较少钱的商品，卖给对自己值比较多钱的买者。通过这样的不等价的交换，社会的财富就会增加，可以理解为社会的福利提高。这一点需要大家慢慢体会。现在可以首先纠正只有实在的物件才算是财富的偏见，纠正物件没有增加财富就没有增加的偏见。同样那么一些物件，通过自愿的交换，在不同的人之间配置得更好了，配置到最需要它的人那里去了，社会福利就得到了提高。

第三讲　消费者偏好

【前课课后讨论】上节课后，有四位同学发邮件向我提出问题，其中两位同学的问题，我放在现在讨论，其他问题以后再讲。

第一个问题，是关于我在课上讲的“商品的价格决定商品的供给量和需求量，所以纵轴位置的价格 P 是自变量”。这位同学说，回去整理笔记的时候，思考了这个问题，并参考了《微观经济学》（第七版，中国人民大学出版社，2009 年）。这位同学跟我讨论问题提到了一本书，却没有提书的作者是谁，这是有欠缺的。

下面我们就来讨论这位同学的具体问题。对于画在 P–Q 平面上描述商品需求量、供给量和商品价格关系的需求曲线和供给曲线，他参考了那本书的有关章节，得出来的结论是：P 和 Q 都可以看成是自变量。如果 P 是自变量就有 $Q=f(P)$；如果 Q 是自变量就有 $P=g(Q)$。这位同学清楚、准确地用数学式子表达了自己的想法，这很不容易。但是现在我想跟大家说明的是，这位同学的想法本身却不对。

这位同学认为自己的认识有道理的理由如下：“在一个自由的竞争性市场中，P 和 Q 就如同鸡生蛋、蛋生鸡一样。”拿“鸡生蛋、蛋生鸡”来比喻，说明他的联想能力比较丰富。这本身是好的。接下来他写道：“综上，我认为 P、Q 之间自变量不一定为 P，并进而推想经济学上的自变量设定也没有数学上的那么严密。只要能够比较成功地解释现实并进行成功的预测，就应该被认可。”他说“只要能够比较成功地解释现实并进行成功的预测，就应该被认可”，这个原则当然是对的，只是这一点不容易做到。事实上他说的“P、Q 之间自变量不一定为 P”的论述，就是错的。在需求曲线和供给曲线的情况，自变量一定是 P。为什么是这样呢？我们就拿图 3–1 需求曲线 D 作为例子来说明吧。

需求曲线中，纵坐标是自变量 P，横坐标是需求量 Q。需求曲线一般是下降的，这有很明确的经济学含义：一种商品，它的价格下降，人们对它的需求就会增加。现实世界是不是这样呢？我们暂时不讲股票，股票是更加上层的一种现象。我们只讲实物世界。例如我们到商店买东西，如果一种商品的价格下降，人们对它的需求增加，这是普遍规律。增加的原因有两个，一是价格下降了，原来想买这种商品的人愿意买更多；一是原来觉得太贵、不想买这种商品的人，因为价格下降转而愿意购买。所以，P 作为自变量时，我们在图中可以看到：价格较高，需求量较小；价格较低，需求量较大。图中的两组实线箭头表达了这种函数关系。假如 Q 作为自变量这个说法正确，那么如图中两组虚线箭头所示，我们可以看到：需求量 Q 小的时候，对应的价格 P 高；需求量 Q 大的时候，对应的价格 P 反而低。这就违背经济规律了。因此在这个问题里，Q 决定 P 的说法是不能成立的。

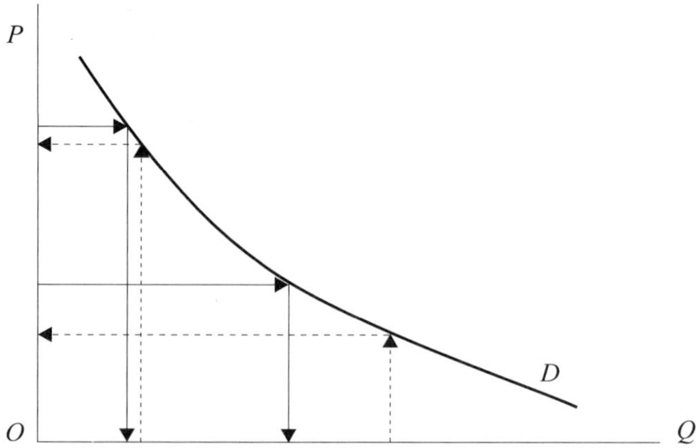

图 3–1　对于需求曲线，纵坐标是自变量

美国萨缪尔森教授的《经济学》，是经典的教科书，一再再版，已经有大半个世纪的历史。萨缪尔森《经济学》，讲的是所有大学生都应该知道的经济学常识。他匠心独运，组织得很好，写得非常认真。根据我个人体会，学经济学的第一个关口，就是认识经济学的曲线和图形。在这些曲线里面，有时自变量放在横轴，有时自变量放在纵轴，需要清醒辨认。但是对于需求曲线和供给曲线，自变量只能是价格 P；如果需求量或者供给量 Q 是自变量，那么所说的需求曲线和供给曲线就是不科学的了。就需求曲线和供给曲线来讲，纵轴上的 P 是自变量，横轴上的供给量、需求量、交易量 Q 是因变量。这点必须清楚。

同学提出的第二个问题，是关于价值与价格的理解。他说："据我理解，一样商品如果放在市场中有人会买，就是有价值的。而当此商品进入市场，它的价值大小就变得具体了。也就是消费者和生产者各自的心理价位。它的价格受整个市场供求的支配而最终决定。我个人觉得价值和价格是非常基础的东西，希望对此有正确的认识。"我体会他是希望多花点时间讲清楚价值与价格的关系。

我不赞成你们在这门课上把时间纠缠在所谓价值与价格的关系上，因为如果这样做，就容易落入劳动决定论庞大而不科学的框架，走不出来。汪丁丁教授曾经说过，在两三百年以前，经济学开始从哲学中分离出来，而他要把经济学回归到哲学中去。当时我写过一篇文章跟他商榷，说幸亏经济学从哲学中分离出来了，不然的话难免如坠烟雾，许多问题都搞不清楚。价值可以是个很崇高的概念，但这不需要在经济学里面讨论。我上次举过例子：等你年老了，你书里夹着的初恋情人送的一片红叶，它有没有价值？它对你很有价值，可是这种价值不需要放到市场上去实现，实际上也无法在市场实现。所以对于这种"价值"，经济学还是不谈为好。另外大家老是要把所谓"价值"拉进来的一个重要原因，是当初讲所谓马克思主义经济学的时候，因为它不能自圆其说，所以拿抽象的玄虚的所谓“价值”来过渡。谁能够定义和量度“无差异的社会必要劳动时间量”呢？

3-1 多商品市场与二商品模型

今天开始，我们讨论面对多种商品的市场，消费者如何做出自己的消费决策。

在实际生活中，市场上商品的种类是非常多的。面对这么多不同的商品，怎么把消费者对这么多商品的偏好表达出来呢？看起来毫无头绪。

微观经济学一个精彩的地方，就是如果我们能够把消费者面对两种商品时的偏好关系表达清楚，那么关于两种商品的关系得到的结论，可以类比到成千上万种商品中去。

下面会讲具体的做法，至于这样做的好处，则要慢慢体会。我们现在只是告诉大家，对于多商品的情况，初级的和中级的微观经济学，都限于讨论只有两种商品的所谓“二商品经济”或者“二商品模型”。

这种做法，也广泛应用到营销研究中去。例如突出一种具体商品，而把其他所有商品归纳为一种抽象的“其他商品”。比方说讨论当其他条件变化了的时候，对电视机的销售有什么影响？这时，就可以把电视机独立出来看作一种商品，而把其他所有商品归纳为电视机以外的一种抽象的概括性的“其他商品”来讨论，这种“其他商品”只以货币计算，实际上是所有其他商品上的花费。

这种做法，还成功地应用于国际贸易讨论，具体来说可以把我们面对的许多商品，归纳为两种抽象的商品来进行讨论。比如大半个世纪以前美国许多经济学教科书在讨论国际贸易问题时，就把美国看成是农业国（哪怕那时美国的工业也已经比英国发达了），把英国看成是工业国；所讨论的商品呢，就笼统地归纳为工业品和农业品这样两种抽象的商品。只讨论工业品和农业品这两种抽象的商品，已经可以发掘国际贸易方面很多深刻的关系。

我们的课程只限于讨论消费者面对两种商品的偏好表达。

3-2　消费者偏好和无差异曲线

现在就开始我们的二商品经济，两种商品是 X 和 Y。注意在经济学里面，X 和 Y 常常既表示商品的名称，又表示商品的数量。

请看图 3-2，直角坐标系里面的每一个点，表示有多少 X 和多少 Y 的一种“商品组合”。人们之所以要购买和消费商品，是因为消费这些商品可以满足他们的需要，需要温饱，需要快乐，需要享受，等等。消费不同的商品，都可以给消费者带来一定的满意程度。假如消费 2 个 X 和 5 个 Y 给你带来的满意程度，与消费 5 个 X 和 3 个 Y 给你带来的满意程度一样，那么 A（2, 5）和 B（5, 3）这两个商品组合对于你来说，就是“等优”的，也就是说给你带来的消费满意程度一样。把与 A“等优”的所有点连成一条曲线，就成为 A 所在的等优曲线。

在二商品模型讨论消费者偏好，最重要的曲线，就是这种**等优曲线**，英文叫做“indifference curve”，直译为**无差异曲线**。现代经济学是从西方传播进入我们中国的。因为英文作者和读者更加习惯 indifference 即无差异的说法，为与国际文献一致，本课程也主要采用无差异曲线的说法。“无差异”指的是消费满意程度的“无差异”，即消费满意程度一样。

在图 3-2，我们画了三条无差异曲线。容易理解，在通常的情况下，右上方的无差异曲线所代表的消费满意程度，高于左下方无差异曲线所代表的满意程度。朴素的原因，是右上方的无差异曲线所消费的商品，比左下方无差异曲线所消费的商品多。一般来说，能够消费多一些商品，总是比较好的，虽然以后我们还会谈到多不比少好的例外情况。

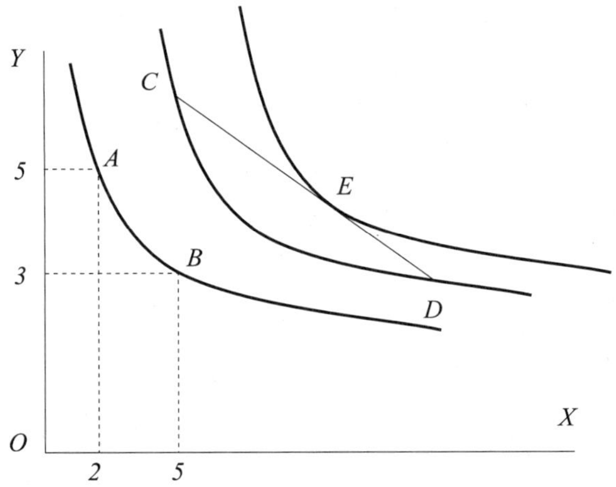

图 3-2　无差异曲线

无差异曲线刻画消费者对于两种商品的**偏好**（preference）情况。这点我们后面就会具体谈到。所以，无差异曲线是非常个性化的曲线。在画一位消费者的无差异曲线的时候，一般至少要画三条。无差异曲线通常都是图 3-2 那样的单调下降的曲线，表示如果你要求这位消费者放弃一些 Y，那么你要补偿给他一些 X，这样才能保证他的消费满意程度不变。请大家在图上从 A“走”到 B，体会一下这种补偿。

如果两种商品都是正常商品，那么对于消费者来讲，在我们讨论的范围内，商品一般都是“多比少好”。离原点比较远的无差异曲线，代表可以消费的商品比较多，所以我们默认，远离原点的无差异曲线，比靠近原点的无差异曲线所代表的消费满意程度要高。以后遇到不是远比近好这样的特殊情况，那就需要另外声明，并且画一个箭头表示消费满意程度提高的方向。没有这种箭头的时候，就默认右上方是消费满意程度上升的方向。

我们通常讨论的无差异曲线有两个特点。一个特点就是刚才说的**单调性**（monotonicity），单调下降。单调性就是表示“多比少好”。无差异曲线是铺满平面的。你从任何地方出发，只要 X 或 Y 增加，满意程度都应该增加。这就是单调性的意思。大家自己画一些符合单调性的无差异曲线看看，它们一定是从左上方往右下方走的。

另外一个特点是**凸向原点**（convex to the origin）：这个说法同样来自英文的经济学文献，也是从数学借过来的。如果你把曲线上任意两点用直线段连起来，如果线段（弦）总是在两点之间的曲线（弧）的上方，那么我们说这条曲线是凸的。请大家参考图 3-2 的弧 CD 和弦 CD，理解曲线的凸性。至于所谓凸向原点，大体上就是弧弯得最厉害的地方，对着坐标原点。

我们在图 3-2 中间那条无差异曲线上随意取两个点 C 和 D，把它们连起来，与上面一条无差异曲线相切，记切点为 E。凸向原点的无差异曲线，表示“平均比极端好”：相对于 C 那样 Y 很多 X 很少和 D 那样 Y 很少 X 很多这样两种比较“极端”的消费，包括 E 在内，弦 CD 中间那些比较“平均”的消费，带来的满意程度都比两端的 C 和 D 来得高。

符合以上两个特点的无差异曲线，叫作**常态的无差异曲线**（well-behaved indifference curve）。我们下面会讲到一些不符合这两个特点的无差异曲线，但是以后如果不另外声明，所论的无差异曲线都默认为常态的无差异曲线。

为什么要学无差异曲线呢？无差异曲线是用来表达一个消费者的偏好的。大家知道，现实世界里人们面对那么多商品，他们的偏好是不一样的。这有很多例子。我认识一对白领夫妇，他们的旅游偏好就不一样。先生是去过的地方就不想再去，哪怕那个地方他也觉得很好。妻子则相反，总是喜欢再去原来去过的好地方。又比如小孩子，一堆玩具放在他们面前让他们抓，男孩子喜欢抓枪炮、坦克，女孩子喜欢玩过家家、扮医生。日后你们恋爱约会，女生爱逛商场，男生就不太耐烦。后面我们会知道，不同的人消费偏好不一样，可以用形状不同的无差异曲线来表达。

3–3 边际替代率下降

为了保持消费满意程度不变，如果消费者要增加消费一单位的 X，需要他放弃消费多少 Y 呢？这个量就叫作 X 和 Y 两种商品的**边际替代率**（marginal rate of substitution）。

图 3–3 中画了一条常态的无差异曲线。我要提醒的是，这是某一位消费者的一条无差异曲线。从图中无差异曲线上的 A 出发走到 B，因为在同一条无差异曲线上面，所以消费满意程度保持不变，可以想象他为了增加 $|AA'|$所代表的一单位 X，愿意放弃 $|A'B|$那么多的 Y。接着，从 B 再走到 C，可以想象他为了再增加 $|BB'|$所代表的一单位 X，愿意再放弃 $|B'C|$那么多的 Y。再下去，从 C 走到 D，他为了再增加 $|CC'|$所代表的一单位 X，愿意再放弃 $|C'D|$那么多的 Y。这里注意图中 $|AA'|=|BB'|=|CC'|$的数量关系，都代表一单位的 X。

图中 $|A'B|>|B'C|>|C'D|$的数量关系，则清楚地说明了边际替代率下降：开始的一单位 X 值 $|A'B|$那么多 Y，随后的一单位 X 值 $|B'C|$那么多 Y，再后的一单位 X，只值 $|C'D|$那么多 Y。所有常态的无差异曲线，都展现边际替代率下降这个性质。

边际替代率下降，与我们老百姓讲的物以稀为贵是一致的。在图 3–3，在点 A 的时候，消费者拥有的 X 比较少，Y 比较多，这个时候因为 X 物以稀为贵，他愿意以比较多的 Y 换一单位 X。随着换回来的 X 多了，他为了再换回一单位 X 而愿意放弃的 Y 就少了。从 A 到 B 增加一单位 X 愿意放弃的 Y 的量，比从 B 到 C 同样增加一单位 X 愿意放弃的 Y 的量大；从 B 到 C

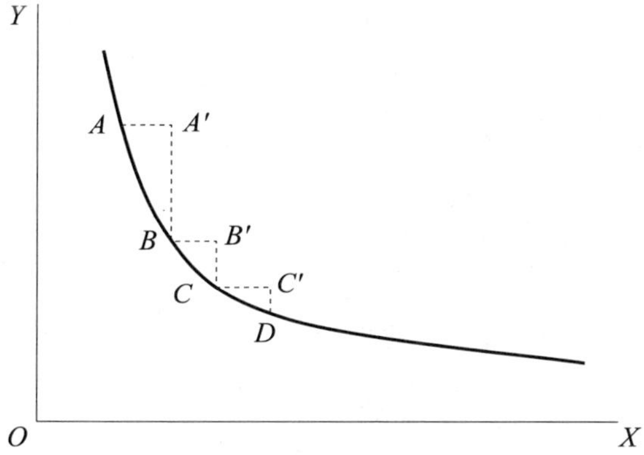

图 3-3　边际替代率下降

增加一单位 X 愿意放弃的 Y 的量，又比从 C 到 D 同样增加一单位 X 愿意放弃的 Y 的量大。

这个例子也让我们知道，在同一消费者的同一条无差异曲线上，不同位置的边际替代率不相同。这也是我们并不谈论一般的替代率而是集注于边际替代率的意义所在。

3-4　好品、坏品和无关商品

现在我们对商品进行两种分类。

首先，商品（commodity）可以分成两种，一种是“goods”，物品，另外一种是“service”，服务。所谓商品，不仅是说物品那种“看得见摸得着”的东西，也应该把服务包括在内。现在，这种认识已经成为大家的常识。所以，关于商品的一个分类，是商品包括物品和服务。

在认识无差异曲线之后，我们可以给商品另外一个分类。

什么叫商品？粗略地说，商品就是可以在市场上花钱买来的东西。可是市场上需要花钱买来的东西，未必是所有人都需要、都喜欢的东西。你有没有遇到一种情况：有一些东西在市场上卖得很贵，但哪怕人家白送给你，你也会不要？譬如香烟就是一个例子。这位同学不抽烟，他就不要香烟。这里我们确认消费者的角色，排除了转卖和转送的情况。还有，现在坐飞机是不准携带榴莲的。为什么会这样？因为许多人讨厌榴莲的味道。可是大家知道也有许多人喜欢吃榴莲，不然怎么会有榴莲的市场呢？据说榴莲的营养价值还很高。再有，你花 200 元买一张票请我去看梅兰芳风格的京剧，我就不会去看，因为我不懂京剧，听着慢节奏的咿咿呀呀会觉得难受。白送给我，我也不看。除非你倒贴很多，比方说如果我肯去看，你就另外补偿我 500 元，那我可能考虑。但这就跟我第一次跟你们讲的那个贝姬的故事一样：贝姬本来不愿意做一个“好女人”，但是如果你给她每年 5000 英镑作为补偿，她也可以做给你看。

按照现代经济学，香烟这种商品对于吸烟的消费者来说，是“good”，而对于不吸烟的消费者来说，是“bad”。这里，我们可以把“goods”翻译为“好品”，把“bads”翻译为“坏品”。同样，榴莲对于喜欢吃榴莲的消费者来说，是好品，而对于厌恶榴莲的消费者来说，是坏品。

既有好品和坏品，那么当中应该有一种不好不坏的“neuters”，我们把它翻译为“无关商品”。这样一来，我们得到商品的另一个分类，那就是对于具体的消费者来说，商品可以分为好品、坏品和无关商品。

至此，我们对商品做了图 3-4 的两种分类。这里注意，英文经济学著述中，“goods”既可以作为商品分类为物品和服务的物品，也可以作为商品分为好品、坏品和无关商品的好品。语言有时候是不讲道理的，“大家都这么说，

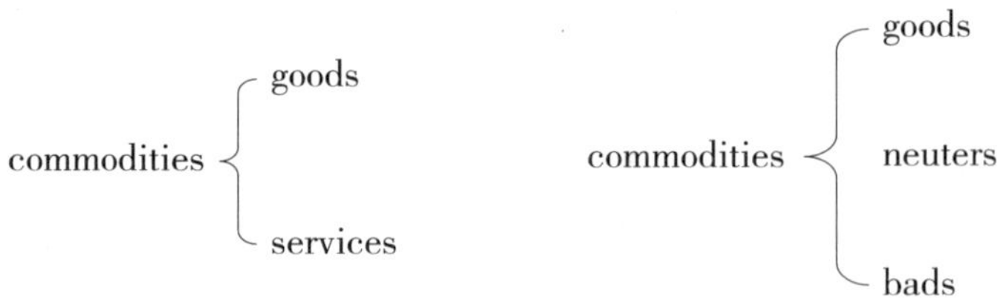

图 3-4　商品的两种分类

你就不得不这样说。”（王力教授语）实际上，即使在英文的经济学著述中，有时候“goods”还可以直接作为“commodities”来用。

商品分为好品和坏品的例子很多。记得刚刚改革开放的时候，各地公园引进了“过山车”游乐节目，天旋地转，有点刺激。此前在美国洛杉矶的迪斯尼，里面所有的过山车我都坐过，觉得好玩。那时候我40岁。后来一位大学同学来广州，我陪他到越秀山公园散步，带他去坐过山车，想不到他不愿意，说“为什么花钱买罪受”。可见那时候我喜欢的过山车，对于另外一些人来说，完全是一种“bad”。

这个例子还说明，究竟是好品还是坏品，不仅因人而异，而且因时而异。如果说40岁的时候我也喜欢玩过山车的话，现今望七，我已经玩不起过山车了。当然，你也应该知道，望七的我，已经不是40岁的我了。

现在请大家做一些简单的练习，看看你们对无差异曲线的悟性如何。随便拿一张纸画上直角坐标系，假设纵轴表示的商品对于你来说是“good”，横轴表示的商品则是“bad”。那么你对于这两种商品的无差异曲线，会是什么样子？

画无差异曲线时，要记住同一条无差异曲线上的点，消费满意程度相同。这样，从直角坐标系任何一个点出发，向右要怎样走才能保持消费的满意程度不变呢？因为横轴表示的是坏品 B，从而单纯水平地向右延伸时，消费的

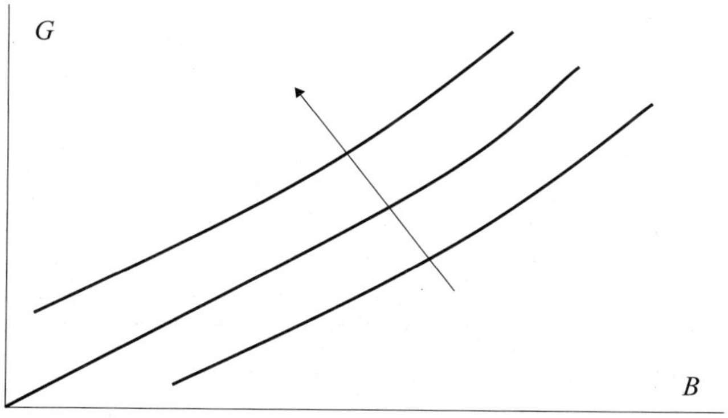

图 3-5 好品和坏品的无差异曲线

满意程度肯定要下降。为了保持消费的满意程度不变，就要补偿给你一些 G。所以，无差异曲线应该像图 3–5 那样往右上方发展。你也可以想象把一个讨厌榴莲的人关在满是榴莲的房里，他的满意程度肯定下降，这时就需要给他一些好品作为补偿，才能保持他的满意程度不变。

这个算是比较难的题目。图 3–5 的无差异曲线有点向上弯，这无所谓。如果你画的是有点向下弯，也是正确的。如果你画的是向右上方伸展的直线，当然也对。

但是因为现在画出来的无差异曲线已经不是常态的无差异曲线，我们需要在图 3–5 的无差异曲线图上增加一个细实线箭头，表示消费满意程度增加的方向。具体来说，现在越是左上方的无差异曲线，代表的消费满意程度越高。

下面，请大家再画一幅无差异曲线图，纵轴是好品，横轴是无关商品。这个题目比较简单，但你还是要在明白道理的情况下把它画出来。在好品与坏品的情况下，如图 3–5，无差异曲线向右上方伸延，可以有点弯。但是现在面对好品和无关商品，好品在纵轴，那么无差异曲线一定是一组水平的直线，越在上面的无差异曲线，代表的消费满意程度越高。所以，指示消费满意程度增加方向的箭头，要铅垂向上。

最后请大家考虑一下，如果你面对的两种商品都是无关商品，你的无差

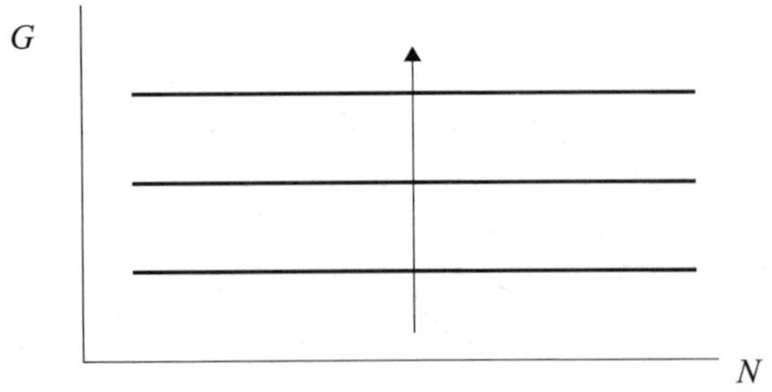

图 3–6 好品和无关商品的无差异曲线

异曲线图会是怎样？这个题目比较难，大家慢慢探讨吧。

3-5 吃饼领赏实验

下面的例子，是我根据美国赫舒拉发教授《价格理论及其应用》中的实验改编的。在经济学先进的国家，实验经济学相当时髦。

设想教授通知学生，中午下课以后欢迎到他那里参加实验。实验流程是这样的：学生进入教室，在半个小时之内，能够吃下几块比萨饼，就可以获得同等数量美元的奖励。这里注意，不是说学生吃几块比萨饼要付出几美元，而是学生吃下几块比萨饼就可获得几美元的奖励。可以想象，很多同学都愿意参加这样的实验。我的问题是，假定你是一个自愿参加实验的同学，你的无差异曲线会是怎么样的？为了统一起见，我们规定横轴表示你半个小时内吃下去的比萨饼的数量，纵轴是奖励的美元数。吃下去一块比萨饼奖一美元。注意比萨饼不能带走，半小时内吃下去的才算数。大家把自己的无差异曲线图画画看。这道题很有难度，可以考验你对无差异曲线的领会是否到位。

按照这个实验，典型的无差异曲线应该是图 3-7 那样“U”型的曲线。

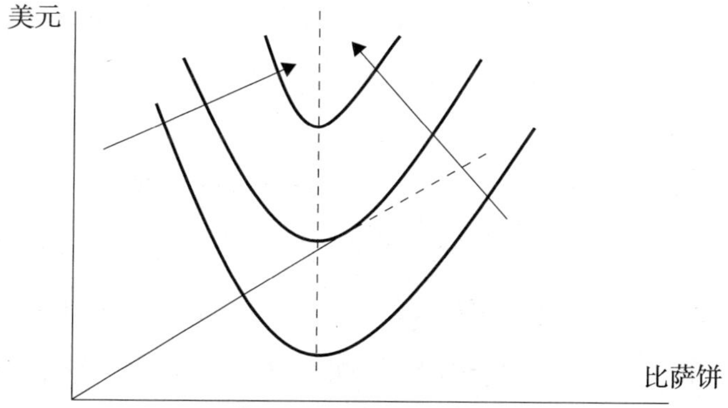

图 3-7 吃饼领赏的无差异曲线

前面说过，一个人的无差异曲线图，通常至少画三条无差异曲线。中学画直角坐标系时，横轴纵轴都是有箭头的，但经济学的图可以不画箭头，默认横轴向右是增加的方向，纵轴向上是增加的方向，省画两个箭头。

开始的时候，过来参加实验的同学比较饿，现在既有东西吃还可以因为吃东西而领奖，真是太高兴了。“吃”本身已经能让学生的满意程度提高，领奖同样也能让满意程度提高。但是吃饱了以后，情况就有点不一样了。设想铅垂细虚线表示吃饱的位置。吃饱了以后再吃，会感到有点难受。这时候，必须吃进去才算数的比萨饼，就变成坏品了。既然难受，为什么还吃呢？那是因为有奖赏可以补偿，就像不想当好女人的贝姬那样，因为有补偿，难受也当给你看。可是再继续下去，即使有钱奖赏同学也不想再吃了，因为太饱了再吃会非常非常难受，再吃一块饼仍然奖赏一美元，就补偿不过来了。这时候，他们就会退出实验，按照半个小时里面已经吃下多少块比萨饼，领取相应数量的赏金，然后离去。

无差异曲线画好以后，请大家考虑怎样把这个实验的实际进程在这个无差异曲线图中表达出来。这里需要抓住一点：实验规则是吃下去一块比萨饼奖励一美元。明白这一点以后，就知道实验的进程应该是如图 3–7 的 45° 线。志愿者在 45° 实验线与无差异曲线相切的那个点离开实验。无差异曲线是铺满平面的，因此总能在一条无差异曲线上找到一个与 45° 实验进程线相切的点。在这个点之前，志愿者的满意程度是上升的，上升过程中，实验线穿过很多无差异曲线，相切以后，如果他留下来继续沿着 45° 实验进程线走的话，满意程度就会下降。

如果我们用纸把图 3–7 右边挡住，那么左边没有遮盖的，是常态的无差异曲线。事实上，一个饥饿的人面对有东西吃又有钱领的情况，吃进去的“比萨饼”和拿到手的“美元”都是好品。但是吃饱以后，再硬是继续吃，比萨饼就变成坏品了。图 3–7 铅垂细虚线右边的无差异曲线，就不是常态的无差异曲线了。为什么我们说这时候无差异曲线已经不再是常态的了？留给同学们自己论证。

有同学问，是不是坏品出现以后，无差异曲线就非常态了？是的。只要面对坏品或者无关商品，无差异曲线就不再是常态的无差异曲线。以后我们还会知道，另外一些无差异曲线，也不是常态的无差异曲线。

现在我们对这个吃饼领赏实验再深入体会一下。假定某人 *A* 的无差异曲线图如图 3-8 的粗实线，另外一个人 *B* 的无差异曲线图如图 3-8 的粗虚线，那么这两个人有什么不同的特性呢？大家都回答得很好，就是 *A* 比 *B* 的饭量大。就是这样，无差异曲线图反映消费者的不同特性。

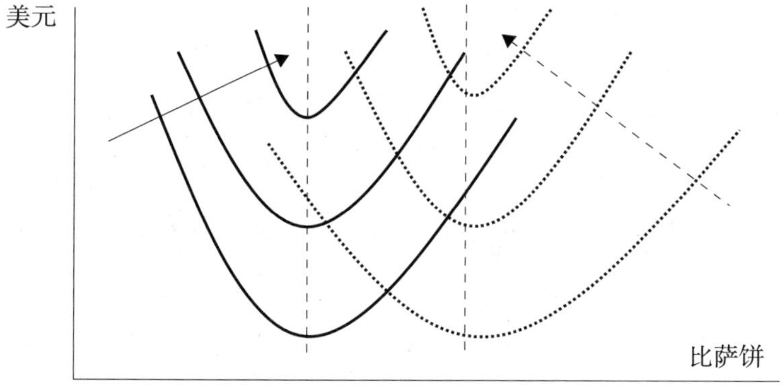

图 3-8　饭量大小

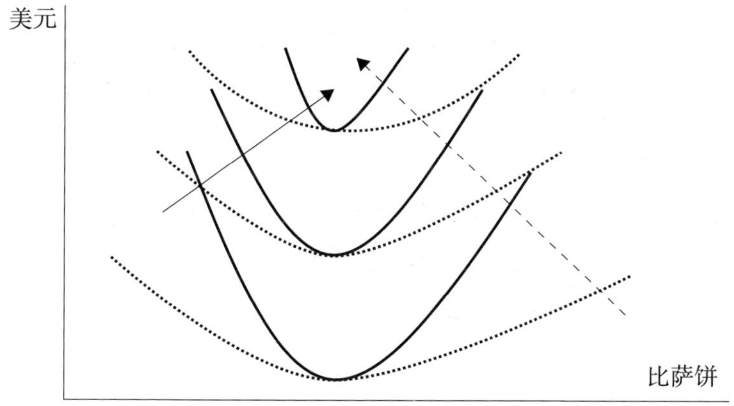

图 3-9　饭量敏感性

为了进一步体会无差异曲线刻画消费者特性，大家看图 3–9。请问，比较实线无差异曲线的 A 和虚线无差异曲线的 B，两个人的消费特性有什么不同？说到饭量，他们似乎一样大。但是正如有些同学说的：A 对于饭量的多少比较敏感，多一点和少一点，都会觉得很不舒服；B 对于饭量的多少没那么敏感，多一点和少一点，不会很不舒服。

图 3–9 的背景是吃饼领赏实验。对于食量的敏感性可以从图上看到：吃饱后继续吃，要保持满意程度不变，无差异曲线比较平缓的 B 需要的金钱补偿比较少，无差异曲线比较陡的 A 需要的补偿的就比较多，所以说 A 对于食量比较敏感，B 没那么敏感。

没有吃饱当然不好，但是吃得太撑了，人们会有“过犹不及”的感觉。实际上，经济学里面有一个**恰好消费**（satiation）的概念，就是描述这种过犹不及的情况的。如图 3–10，对于某人来说，消费点 A 那么多的 X 和点 A 那么多的 Y，是恰好的消费。他的无差异曲线大致如图所示，抱歉这里只画了两条。以 A 为中心，我们画了铅垂和水平的两条虚线，把平面分为四个区域。在达到恰好之前，两种商品都增加才好，所以两种商品在左下方区域都是“good”。在右下方，X 已经太多了，而 Y 还是不足，也就是说，这时 X 已经变成“bad”，而 Y 还是“good”。这种情况，就像吃饼领赏实验无差异曲线图的右半一样。同样，在左上方，Y 已经太多了，而 X 仍然不足。而在右上方区域，两种商品对于这位消费者而言都已经太多了，它们都变成了“bad”。总之，无论是 X 还是 Y，在到达 A 以前，对于这位消费者来说是好品，在到达 A 以后，就变成了坏品。注意图 3–10 的无差异曲线不必是圆的，只要四个方向都弯向点 A 就可以。

经济学如果限于沙龙式的教育，那是远远不够的，需要做练习。不要以为上面只是画几条线那么简单。你对这些曲线的理解，就是你对现代经济学的理解。

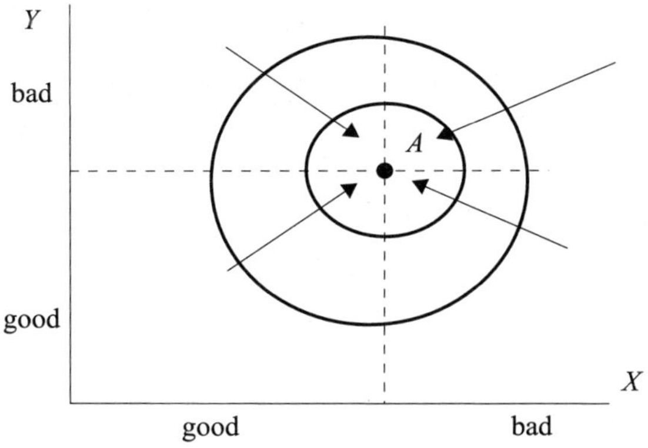

图 3-10　恰好消费的偏好

3-6　其他无差异曲线

下面我们再讨论三种非常态的无差异曲线。

首先是凹（concave）的无差异曲线。如果你把曲线上任意两点用直线段连起来，要是线段（弦）总是在两点之间的曲线（弧）的下方，那么我们说这条曲线是凹的。图 3-11 就画了一条既凹又单调下降的无差异曲线。请同学们自己用与刚才 3-3 节同样的方法，说明与凸向原点的无差异曲线展现边

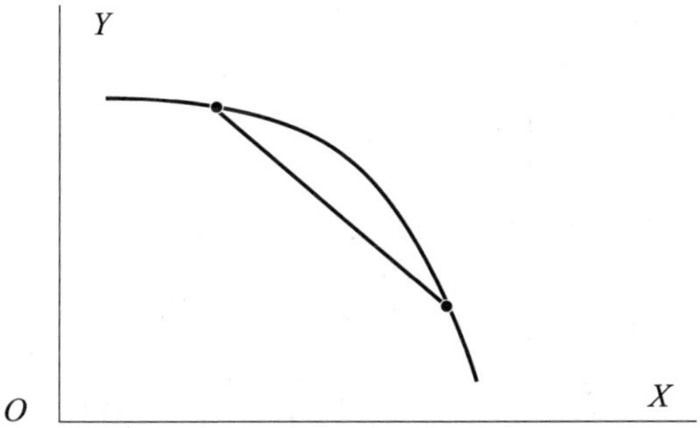

图 3-11　边际替代率上升的无差异曲线

际替代率下降相反，单调下降的凹的无差异曲线，展现边际替代率上升。

另外一种是刻画**完全替代**（perfect substitution）偏好的无差异曲线。完全替代，就是说 X 和 Y 两种商品对于消费者而言完全一样，总是可以一比一地替代，或者按照其他固定的比例替代。刻画完全替代偏好的无差异曲线如图 3-12。

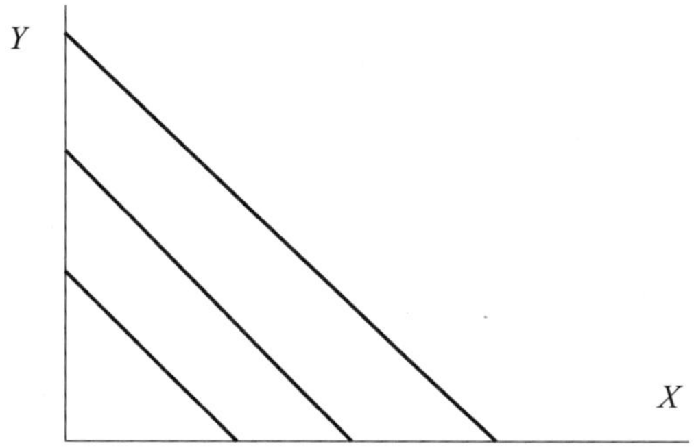

图 3-12 完全替代的偏好

再一种就是**完全互补**（perfect complements）偏好情形下的无差异曲线。就是每消费一个 X，一定要搭配消费一个 Y，或者是按照一定的比例，每消费多少 X，一定要搭配消费多少 Y。最典型的就是左脚鞋配右脚鞋，一只左脚鞋必须配一只右脚鞋，才能成为一双鞋。如果把同样规格的左脚鞋和右脚鞋看作是两种商品，那他们就是完全互补关系，即消费一个 X，必须配套消费一个 Y。完全互补偏好的无差异曲线如图 3-13。

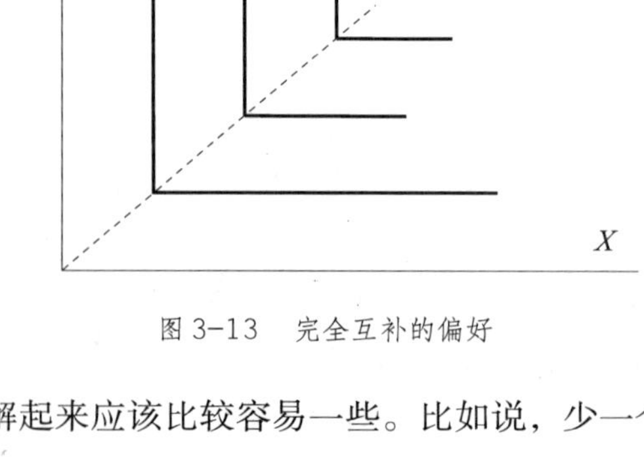

图 3-13 完全互补的偏好

完全替代理解起来应该比较容易一些。比如说，少一个 Y 就增加一个 X

来补偿，保持消费满意程度不变。至于完全互补，假定图 3–13 无差异曲线最下面那个直角位置记作 A，表示一只左脚鞋 X 配一只右脚鞋 Y，请你再画一点 B，表示三只左脚鞋 X 和一只右脚鞋 Y，那么对于你的消费满意程度来说，商品组合 B 和商品组合 A，带给你的消费满意程度，完全一样，虽然商品组合 B 比商品组合 A 多了两只左脚鞋。

【花絮：一双左脚鞋】1994 年夏天，我到美国密歇根大学所在的密歇根州安娜堡出席一次国际学术会议，会后顺访邻近的密歇根州立大学两个月，就住在当时正在那里攻读博士学位的学生小高家里。小高的妻子竞峰，原来也是中山大学的学生，只是没有修过我的课。

朝夕相处，真是亲如家人。说老实话，开始我是有压力的，因为当别人孩子的老师可以，当别人孩子的家长可没有这个本事。他们到底还是孩子，有点儿堵气口角的小事情，并不奇怪。后来我才明白，虽然负笈异国，他们却仍然向往父母之爱，哪怕只是不称职的替代品。我回国以后，竞峰给我来信说，感谢神派我到他们这个小家庭来，让他们懂得如何生活在一起。我知道他们已经受洗成为基督教徒，我也理解他们为什么愿意把我这个无神论者想象成神的特使。

回国前他们送我一双名牌球鞋，同时让我给竞峰的弟弟也捎上一双。说来也巧，竞峰弟弟和我穿同样尺码的球鞋。当我回到广州打开行李准备分发，才发现牌子一样号码一样的“两双”鞋子里面，其实是三只左脚鞋和一只右脚鞋。愣了好长时间，我才不得不接受这发源于美国一家著名超市的事实，首次体验北方记者喜欢写的“傻了眼”是怎么回事。鞋子少一双算不了啥。我是经济学教授，很珍惜这一差错为我提供了又一个生动的课堂案例：所谓互补商品，就是要配合着用的商品。日常生活中可以想象的最厉害的互补关系，莫过于左脚鞋和右脚鞋这样一双必须配合着用的商品了。当小高、竞峰打电话来问候，我就把这个有趣的故事告诉了他们。

不久，我随一个会议到五邑大学所在的江门市，就把竞峰带给她弟弟的东西捎上。竞峰的弟弟接过提包，单单把那双运动鞋拿了出来。他说，姐姐说了，不要拿那双鞋子。

听了这话，我真不知道怎么才好。我这么个老头，怎能忍心夺人之爱，让一个孩子面对失去名牌运动鞋的结局？可是竞峰的弟弟死活不肯，说接了这双鞋子，姐姐会不高兴。

于是，我有了“两双”运动鞋，其中一双，其实是两只左脚鞋，它们不仅是我上课的道具，而且是我们师生情谊的一个纪念。

我真的曾经两次在给岭南学院本科一年级同学上“中级微观经济学”课的时候，把那“双”左脚鞋拿出来，在教室走了一圈，问同学们有没有看出什么问题。头一次的情况是这样的：大家的眼睛非常亮，牌子看出来了，尺码估出来了，可是想不到只有一位同学发现，那是两只左脚鞋。

3-7 利用互补性的营销策略

对于两种完全互补或强烈互补的商品，企业往往采用这样的营销策略：把其中一种商品的价格定得很低，以便把顾客吸引过来，然后在他不得不再买的另一种商品上，把钱赚回来。这是占领市场，扩大销售的好办法。

20 世纪 80 年代初期，当个人电脑刚刚在发达国家上市的时候，有些公司把主机卖得非常便宜，其价格便宜得简直令人难以置信。等电脑逐步进入家庭，一旦用上了，那么一方面用过就尝到了甜头，另一方面用上了就体会到必须添置外围设备和专用软件，才能充分发挥电脑的功能。从而买了主机的顾客，就会形成添置外围设备和专用软件的决心。这时候他们发现，同是这家公司，配套的外围设备和专用软件，并不便宜，可这时候他们已经“别无选择”了，纷纷解囊以求。这就是利用互补性的一种营销策略。

出门旅行，花费最大的就是交通和住宿。如果是“一日游”，那么开支大项，就剩下一项交通了。大家知道，美国有拉斯维加斯、雷诺和大西洋城三大赌城。三个赌城中，前面两个在加利福尼亚州东邻的沙漠之州内华达，另一个在纽约州南面的新泽西州。三大赌城，分别离洛杉矶、旧金山和纽约市三四个小时的车程。

如果你已经到了纽约，不妨免费到大西洋城游玩一日。原来，赌场为了招揽赌客，把交通服务伸延到附近的许多地方，上述那些大城市自然更是目标。你花十几美元买一张纽约到大西洋城赌场的来回票，一到赌场，就可以马上领到等额美元的硬币。赌场老板的哲学是，只要把你吸引到赌场来，不怕你不上钩。这也是利用互补性的营业策略：把到赌场的花费分解成两种商品，一是交通，一是其他所有花费。对于一般美国人来说，因为去了就要赌，所以这两种商品具有强烈的互补性。赌场那样做，就是把互补商品之一的价格压得很低，不仅免费而且还有一点点倒贴。他们的如意算盘，就是在互补的另一种商品中把好处都捞回来。事实证明，赌场的这一营销策略，非常成功。由于有了这三个赌城，内华达州和新泽西州的财政收入成倍地增长。

自然，这样的策略并不对每个顾客奏效。例如一些穷学生，就这样免费到大西洋海滩“休养生息”一天去了。但是，只要对多数顾客成功，唯利是图的老板，就乐于继续提供免费的巴士来往于赌场和大城市之间。

最后再说我自己以二百美元的旅费几乎周游日本的故事。

我在1988年到日本参加一个学术会议。由于事前得到日本通 R 兄的指点，我在会议公干之余，游了日本三岛，额外交通花费只合二百美元。

全世界都知道，日本的物价指数很高。这对于日本吸引外国游客赚取旅游收入不利。为此，日本向外国游客提供一种国营铁路通票，一周之内任意使用，售价只相当于二百美元。如按正常票价，这个数目，只够东京到大阪的一个来回。

日本是一个国土面积很小的国家，但却拥有世界上最先进最可靠的铁路系统。日本舒适的国营铁路，像我们的地铁这么方便，但地铁只是在大城市附近转，日本的国营铁路却通到每一个角落。会议期间我问一位在日本留学的学生，在国营铁路车站转车，需要预留多长时间。他说："两分钟就够了。"这让我大吃一惊。后来走下来，才知道真是这样，只要你能够捕捉到车站醒目的列车动态指示就可以了。日本的火车准点率极高。当你到了某个车站下车，从每个月台都有的屏幕上看清楚你要转乘的那趟火车在哪个站台，然后走过去，两分钟真的足够了，哪怕拖着行李。

日本的国营铁路四通八达，高速准点。新干线弹子火车，时速每小时220公里。只要有足够的精力，我完全可以凭着这张通票跑遍除冲绳以外的每一个县。事前，我已经设计了畅游日本四岛的日程，但是由于额外有筑波大学、东海大学和东京工业大学三校的邀请访问，自然学术为重，所以砍掉了北海道的节目。访问筑波、东海那两天，都在东京下榻，上午分别匆游仙台和新潟，都是去一百分钟，游一百分钟，返一百分钟，回到酒店不久，正好赶上学校的车子来接。虽然走马观花，好歹也领略了仙台和新潟这两个海滨城市。

这和互补性有什么关系？我们可以把在日本旅游的花费分解为两个抽象的商品，一是交通的花费，二是所有其他花费，二者强烈互补。到了日本，还怕你不花钱？这就是他们的营销策略。怪不得这种铁路通票，必须是外国人才能买，而且一定要预先在日本外面买。至此，读者也就明白策划者的良苦用心了：如果你已经来到日本，就不再让你购买这种国营铁路通票了。

许多国家的铁路系统都有优惠项目，但各国的铁路优惠并不一样。比如说欧洲的铁路有“周末家庭旅行”优惠。周末旅行，两个人直到五个人一起旅行，都可以购买一张家庭票，两个人到五个人一起用，不必互为家庭成员。德国的铁路在周末特别拥挤，就是因为“家庭旅行”的票价很低。美国呢，也有专门给外国护照持有者的铁路优惠节目。至于为什么持有外国护照的人才能够享受这种铁路优惠，道理和日本一样。但是在吸引外国游客方面，做得最绝的还是日本。

第四讲　最优消费决策

【前课课后讨论】我们还是先把上一次课后同学们提出来的问题在这里跟大家一起讨论。同学们在学习里遇到什么问题，都可以向我提出来。并非每一个问题都会拿到这里来讲，但是拿到这里讨论的问题，都是比较好的问题。所谓“好”问题，并不一定是说其中有哪些亮点，主要是说他提出来的问题有普遍性，是同学们都会遇到的问题。

一位同学来信说，课后他将无差异曲线、需求曲线和供给曲线进行了对比，想就作图的细节请教：“在图形中，曲线和直线有什么区别？什么时候需要用曲线？什么时候需要用直线？”

这个问题非常好。对于这个问题，较为概括的回答是：在经济学的图示中，除了坐标轴以外，绝大多数原则上都是曲线。这位同学问到的无差异曲线、需求曲线和供给曲线，原则上都是曲线，曲线的特殊情形，才是直线。

但是为了初学的同学掌握起来方便，简单情况是可以用直线来代替曲线的。我发现，班上有同学在看萨缪尔森的《经济学》。萨缪尔森是最早拿经济学诺贝尔奖的美国经济学家，他的《经济学》写得非常好，影响了大半个世纪的经济学教育。这种影响还会持续下去。因为这本教科书是给非经济学专业的大学生写的，为了他们接受起来容易，所以他书中出现的图示，差不多都是直线，很少有曲线。

同学问的第二个问题是：“为什么完全互补的无差异曲线呈现直角形状？”他做了一个假设：“我买了两双鞋，其中有一只是左脚鞋，另外三只是右脚鞋。

这样必然会造成两只右脚鞋的浪费。”因为浪费，这位同学推论说：“我的满意程度必然会降低。所以满意程度不可能与‘一只左脚鞋和一只右脚鞋’所代表的情况处在同一条无差异曲线上。但是反观上节课的内容，却出现即使有两只右脚鞋浪费，满意程度也不会低于‘左右脚鞋刚好搭配’的现象。这好像与一般消费者的心理不符。”这位同学把他在哪里感到困惑，表述得非常准确。

之所以出现这样的困惑，是因为没有学过经济学的人有一种倾向，就是在讨论某件事情的时候，他会把别的事情拉扯进来。

现在我们就来具体分析他的问题。上节课讲到，无差异曲线是由“满意程度相等”的点连在一起形成的。一个点就是一种商品组合。消费满意程度相等，就是说这些商品组合在满足消费者的需求来说，功能是一样的，带来的消费满意程度一样。依据这个标准，“一只左脚鞋配一只右脚鞋”带来的消费满意程度和“一只左脚鞋配三只右脚鞋”一样，因为对你来说，两种情况都是给你提供了一双合用的鞋。

这位同学觉得满意程度不一样，我想是因为他觉得另外两只右脚鞋让他花了冤枉钱。这就不自觉地把原来问题没有谈到的事情拉扯进来了。我们并没有说，让你比较的两只鞋和四只鞋，需要你自己花钱买啊。

所以，在讨论消费满意程度的时候，你就单纯比较“一只左脚鞋配一只右脚鞋”和“一只左脚鞋配三只右脚鞋”，就当这些鞋是人家拿到你面前让你比较的，不用你们付钱。

【Ceteris Paribus 原则】经济学讨论中有个原则，叫作 Ceteris Paribus，它总是直接用法文表示的。它的含义就是：在讨论经济学问题的时候，不要把没有提到的东西牵涉进来。这个术语目前还没有很好的翻译。

这个原则本来不准备这么早跟你们说的，但是因为这位同学提出了这么好的问题，我又必须及时回答，所以现在提前给大家说一说。除了不要把没有提到的东西牵涉进来以外，Ceteris Paribus 原则的另外一个要求，就是没有谈到的因素就默认保持不变。

事实上，假使你在讨论一件事情的时候，又把别的东西牵涉进来，就会把问题的逻辑链条和因果关系搞混。我们将来经常要单独研究某一种因素的影响。当我们讨论一种因素的影响时，你却已经想到另外一个因素在起作用，并且不自觉地就把它拉扯进来，就会把事情的线索搅乱，不容易探讨清楚原来在讨论的那个因素的作用。

我相信对于无差异曲线的理解，这位同学是比较好的。可能上次我讲的“一双左脚鞋”那个故事，把他搞混了。在那个故事里面，我们自然是真的付了钱了。会不会那个故事讲得太早了，给你们带来了困扰?

现在看下一个问题：“听了两节课下来，我有一个小问题和小想法——当我们评定商品的价值时，可以使用物理中经常应用的‘控制变量法’吗?即对于不同商品，它的价值是由供求决定；而对于同一类型的商品，它则可以用无差别的劳动去衡量。比如：一样的东西，手工制作的价值就比机器制造的价值高。”

这位同学提到“物理学中的控制变量法”，问可不可以在评定商品时拿来用。我对于他说的控制变量法没有了解，所以无法直接回答他的问题。但从他的“比如”来看，这位同学头脑里考虑的是工艺品，即手工制作的工艺品和机器制造的工艺品，而且在他的心目中，手工制作的工艺品和机器制造的工艺品不是一样的东西。可是他又写“一样的东西”。可见，我们的语言有时候不自觉就会犯混。

在第二次课讲单个商品市场的均衡的时候，我们没有特别强调“单个商品”这个重要的概念。所谓单个商品市场，也就是同一种商品的市场，准确的经济学术语说是“同质商品”的市场。同质商品，就是完全一样的商品，概念上已经不能区分，包括不能够用“无差别的劳动”去区分。他们的市场价格，就是由供求关系决定的。

同质商品这个概念，你们还需要慢慢体会。记得第一次课就有同学问，为什么我们经常看到同样的东西价钱却不一样？问题在于你觉得是同样的商品，实际上它们并不相同。将来我们会讲到博弈论中很有趣的**霍特林模型**(Hotelling model)，在那里，品种一样价格也一样的雪糕，都不算是同质商品，而是还要看雪糕离我的距离，哪个店离我比较近，我更愿意到这个店去买品种一样价格也一样的雪糕。可见，品种一样价格也一样的雪糕，因为距离不同，在霍特林模型中就被认为不是同质商品。

归纳我对这位同学的问题的回答：首先，我不懂“物理学的控制变量法”，但是觉得不需要把问题考虑得那么复杂；其次，单个商品市场的均衡价格是由供求关系决定，问题是容易把不同的商品误认为是一样的商品。

4-1 预算约束，预算线及其方程

消费者最优选择理论的两个元件，一个就是上次讲的无差异曲线，另一个是今天要讲的预算线。有了这两样东西以后，我们就可以讨论消费者的最优选择了。

上一次课讲无差异曲线，它被用来表达各种商品组合带给你的消费满意程度。消费者的消费选择，当然要满足他的消费偏好，但是还有一个很要紧的因素，就是你的支付能力：你有多少钱可以用来购买消费。你想消费的东西很多，比如想去广州塔上看看，门票就一百多元；或者你想到马尔代夫待几天，很舒服啊，但是你的愿望能否实现，很重要的约束就是预算约束。我们今天要讲的内容，就是**预算约束**（budget constraints）。

市场上商品很多，买这买那都要付钱。你总共有多少钱？照理说，购买第一种商品你要付一笔钱，第二种商品又要付一笔钱，第三、四、五种……那么多种商品应该如何讨论？还是我们上一次强调的二商品模型，限于讨论在两种商品之中作选择。这样一来，预算约束可以表达为一条**预算线**（budget line）。

记得所讨论的商品及其数量，都用同一个字母表示。现在面对的两种商品分别为 X 与 Y，他们的价格分别为 P_X 和 P_Y。假设消费者的可支配收入是 I（income），那么他面对的预算约束可以表达为

$$P_X X + P_Y Y = I$$

其中 P_X 是商品 X 的价格，X 也表示消费者对商品 X 的购买量，Y 也是这样。

同学们在中学学过的数学知识远比我们现在用的丰富。但是我发现在许多大学的“文科”，有一个很有趣的情况，就是同学们到了大学以后，看到初中时候已经相当熟悉的一些数学式子，都会恐惧。这是没有道理的。去掉盲目的恐惧感，这些东西其实很简单。比方说 X 是茶杯，价格是 4 元，共买 5 个，那么你就花了 20 元钱。进一步假设 Y 为笔记本，你又买了 3 个 2 元钱一本的笔记本。那么在两样商品上你总共花了 26 元钱。

图 4-1 就是二商品模型的预算线。对于预算线，最重要的是知道它的斜率，$-P_X / P_Y$ 以及它在纵轴上的截距（$0, I / P_Y$）和在横轴上的截距（$I / P_X, 0$）。在 Y 轴上，X=0。将预算线方程两边同除以 P_Y，可解得当 X=0 时，$Y=I / P_Y$。

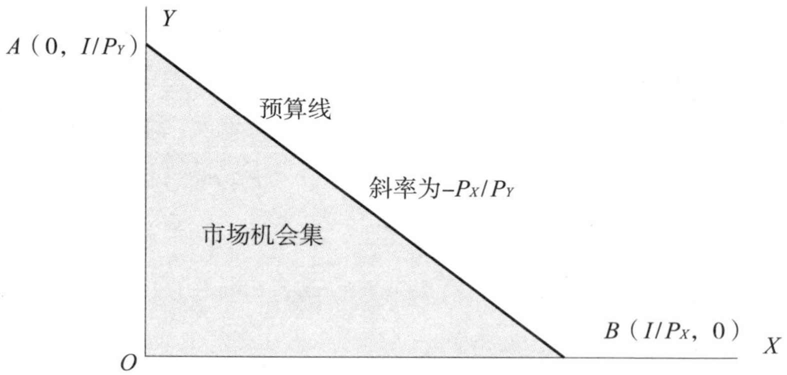

图 4-1　二商品模型的预算线

同理可以得到 $Y=0$ 时，$X=I/P_X$。

预算线与两条坐标轴围成的三角形，就是消费者在他的预算约束下可以市场实现的商品组合。这个三角形，叫作这位消费者的**市场机会集**（market opportunity）。市场机会集里面任何一点所代表的商品组合，包括预算线上面的任何一点所代表的商品组合，都是这位消费者可以在市场上实现的消费。但是对于预算线右上方的点所代表的商品组合，他就不能市场实现，因为他没有这么多钱。

斜率是怎么算出来的呢？我们考虑将预算线方程变形为 $Y=kX+b$ 的形式，这就得到 $Y=(-P_X/P_Y)X+I/P_Y$。在中学大家都知道，直线 $Y=kX+b$ 的斜率就是 k，与 b 无关。由此我们得到斜率 Slope=$(-P_X/P_Y)$。前面的负号，表示 X 增加则 Y 减少，变化方向相反。从斜率的式子可以知道，X 越贵，预算线就越陡。这可以引申为：X 相对于 Y 越贵，预算线就越陡。总之预算线越陡，表示横轴商品相对于纵轴商品越贵。对此，同学们要形成“条件反射”。

当消费者的收入发生变化或者商品的价格发生变化的时候，消费者的预算线也会随之发生变化。这里，我们考察两种情况：收入变化对预算线的影响和一种商品价格变化对预算线的影响。

首先考察收入变化对预算线的影响。按照没有提及变化的因素即理解为保持不变的约定，我们知道现在商品的价格保持不变。由于商品价格不变，预算线的斜率就保持不变。所以，收入变化对预算线的影响，表现为预算线平移。如果收入增加，预算线就向外平移。反之，如果收入减少，预算线就向内平移。

现在讨论如果 X 变贵了，预算线这条直线将怎样变化？当然是变陡，但是注意在变陡的过程中，预算线在纵轴的截距是不变的，因为这个截距与 X 的价格无关。所以在探讨横轴商品价格上升的情况时，我们要将预算线在 Y 轴的截距钉住，而它在 X 轴的截距则沿着 X 轴朝原点方向移动。相反，如果 X 价格下降，预算线这条直线向外转动，上端也是钉住不动的。所以，当一

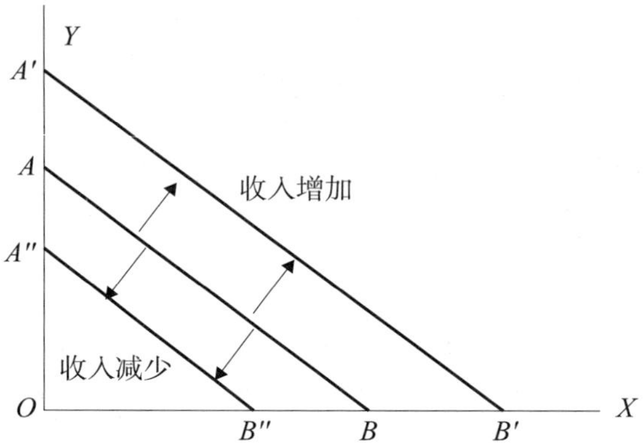

图 4-2　可支配收入变化对预算线的影响

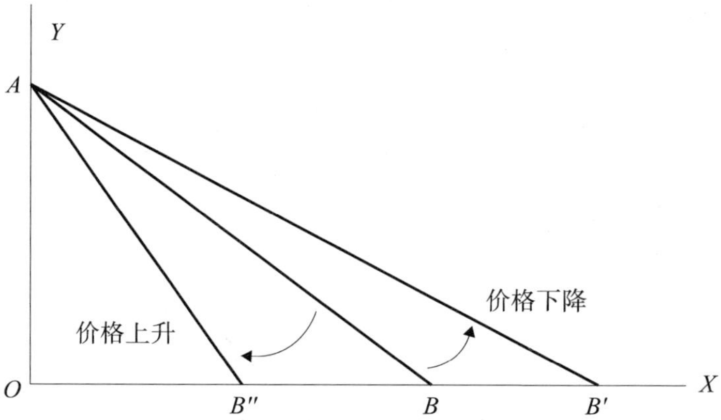

图 4-3　横轴商品价格变化时预算线的转动

种商品的价格变化时，预算线会做一端钉住的转动。如果讨论的是 Y 的价格变化对预算线的影响，那就是预算线钉住在横轴的截距的转动。

【课间讨论】关于预算线，刚才有一位同学提出问题。他说因为预算线斜率为负值，所以横轴商品价格上升则预算线斜率应该变小。他说的没错。但是我们注意，在经济学中，关心的其实是预算线斜率的绝对值。比方说从斜率 −1 变到斜率 −2，我们宁愿说预算线的斜率变大了，而不是说变小。约定俗成的“道理”，就是陡的曲线斜率大。

4-2 最优消费选择

现在我们就进入消费者理论最核心的部分，也就是将之前学习的预算线和无差异曲线结合起来，讨论**最优消费选择**（optimal choice of consumption）。这时候，需要假定可支配收入 I，假定两种商品的价格，这就有了一条预算线。预算线只有一条，而表示消费满意程度的无差异曲线铺满整个平面。两样东西放在一起，看看最高能够达到怎样的消费满意程度。

请看图 4–4，我们画了三条代表性的无差异曲线。消费者的可支配收入确定以后，就只能在他的预算线上寻找消费满意程度最高的消费组合。观察这三条无差异曲线，我们知道下面的两条无差异曲线都是可以到达的，而最上面这条无差异曲线却不能到达，因为它已经完全离开消费者的市场机会集了。

在可以到达的两条无差异曲线当中，下面的那条无差异曲线所表示的消费满意程度，不如与预算线相切的那条无差异曲线。所以，能够达到的最高的消费满意程度，就是与预算线相切的无差异曲线所代表的满意程度，而具体的最优消费决策，就在预算线和无差异曲线相切的那个切点 E。从这个切点沿着预算线向上走，消费满意程度会降低；从这个切点沿着预算线向下走，消费满意程度也会降低。所以，切点 E 的消费，是满意程度最高的消费。

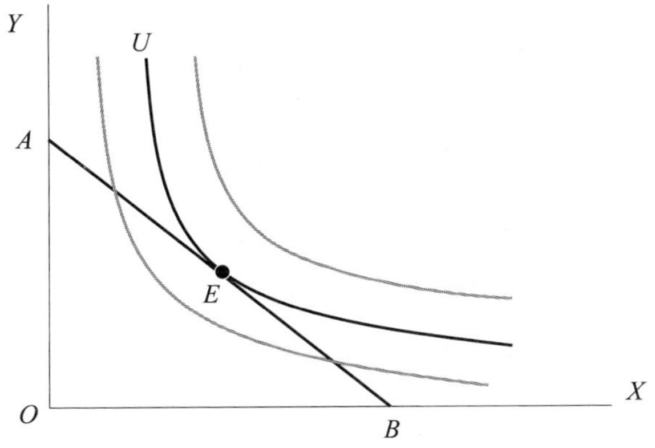

图 4–4 常态偏好最优消费选择

【小结】在经济学文献中，把消费满意程度叫做“效用”，即“utility”。“效用大小”、“效用高低”这样说。所以，**消费者的最优消费选择，位于预算线上接触效用最高的无差异曲线的地方**（optimal choice of consumption at the point in the budget line with highest utility）。这句话值得大家在理解的基础上背下来。理解了以后，很容易背下来。

回顾上次所讲的吃饼领赏实验，实验是按照 45° 线走的。在 45° 线上哪一点的满意程度最高？到了这个点，你就不会再走下去。现在不是吃饼领赏，不是你吃了东西人家还给你钱，而是类似你自己吃东西自己付钱这样的正常消费。假定一根轴是吃饼另一根轴是喝水，你究竟吃多少饼喝多少水最好，就由你自己决定。或者设想你有一定支付能力，花多少在买玩具上，又花多少在穿衣服上，由你自己做主。这当中，必有一个地方是最优消费选择。

4–3 非常态偏好情形的最优消费选择

上一节说的是常态无差异曲线情形的最优消费选择，下面讨论一些非常态偏好情形的最优消费选择。

上次课我们讲过完全替代偏好的无差异曲线和完全互补偏好的无差异曲线，它们都是非常态的无差异曲线。现在我们再学一种非常态的无差异曲线，那就是图 4–5 那样凹向原点的无差异曲线。

我们知道，消费者最优选择应该是预算线上满意程度最高的点。假定预算线是图中的斜线，请大家想一想，消费者的最优选择在哪里？一定要用一条无差异曲线把最优消费选择的地方点出来。在无差异曲线凹向原点的情形，如果你把最优消费选择画在切点处，那就错了。相切那条无差异曲线的消费

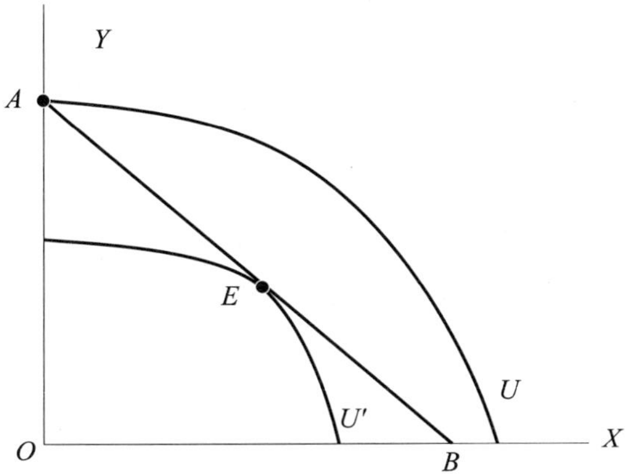

图 4–5　无差异曲线凹向原点时的最优消费选择

满意程度，远远低于另外一条。

其实，在无差异曲线凹向原点的情形，我们只要把经过预算线（两个）端点的两条无差异曲线画出来，比较它们哪一条所代表的消费满意程度高就可以了，高的无差异曲线与预算线相交的那个端点，就是最优消费选择的地方。也就是说，我们只要比较图中预算线两端 A 和 B 两个点的消费满意程度，谁高就选择谁。这里面的道理，大家回去自己好好琢磨一下。在图 4–5，我们只画了经过预算线端点 A 的无差异曲线，请大家自己把经过预算线端点 B 的另外一条无差异曲线补上去。可以看到，与预算线相切的那条无差异曲线的消费满意程度，比经过预算线端点的两条无差异曲线都低。

总之，在无差异曲线凹向原点的情形，我们只要比较预算线两个端点的消费满意程度，谁高就选择谁。

凹的无差异曲线是怎么形成的？现实生活中很少这样的例子。美国一本很著名的微观经济学教材就举例说，假定你既喜欢吃雪糕又喜欢吃橄榄，这两样东西对你都是好品，但是你不喜欢同时吃雪糕和橄榄，那么无差异曲线就是凹向原点的。这个例子是否符合事实，大家可以讨论。也许你们可以想出更好的例子。

接下来讨论完全替代偏好的最优消费选择。如图 4–6，三条平行的直线段，

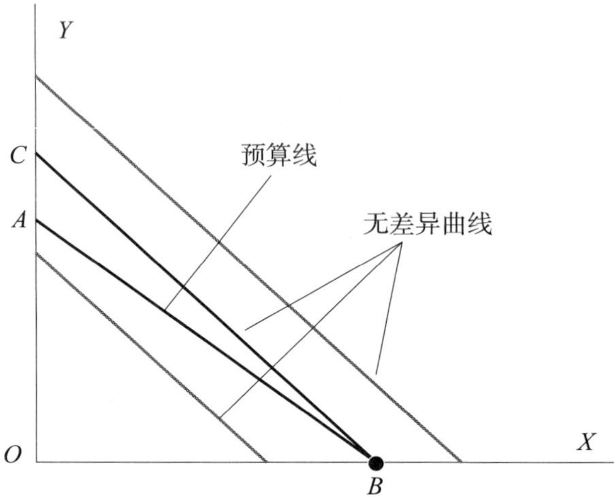

图 4–6　完全替代偏好的最优消费选择

是完全替代情形消费者的无差异曲线，另外一条直线段，是消费者的预算线。很明显，最优消费选择一定在预算线的端点，不是这个端点就是那个端点。如果恰好预算线和完全替代的无差异曲线平行，那么预算线上任何一点都可以作为消费者的最优消费选择。

完全互补偏好情形的最优消费选择，则如图 4–7。最优消费选择一定在某一条直角形无差异曲线的角上。原则还是“预算线上接触效用最高的无差异曲线的地方”。

完全替代偏好情形直线下降的无差异曲线和完全互补偏好情形直角的无差异曲线，都是最极端的情形。不那么极端的情形有两种：一，两种商品是“替代性”商品，这时候无差异曲线下降但是弯得很少；二，两种商品是“互补性”商品，这时候无差异曲线下降，开始时几乎铅垂下降，在尖角的地方“急转弯”，变成几乎水平地向右。如果你能够对图 4–6 和图 4–7 作动态的想象，那么就可以体会到，在替代性商品的情形，如果两种商品的相对价格变化了，那么变得便宜了的商品的销量会增加很多，变贵了的商品的销量则会明显下降；而在互补性商品的情形，如果两种商品的相对价格变化了，那么变得便宜了的商品的销量不会增加很多，变贵了的商

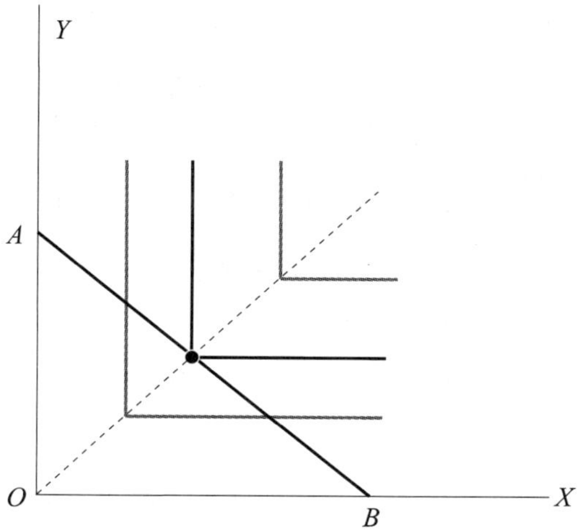

图 4-7　完全互补偏好的最优消费选择

品的销量也不会明显下降。

对此，我只是把结果说出来，你们理解到什么程度，要看你们的动态想象力。技术上的关键，则是以预算线变平表达横轴商品变得便宜，以预算线变陡表达横轴商品变贵。你在想象的时候，不必死守预算线钉住一端的要求，可以采用纵轴截距下降一点横轴截距向右一点来表达纵轴商品的相对价格上升，用纵轴截距上升一点横轴截距向左一点来表达纵轴商品的相对价格下降。务必画图以帮助想象。

引申开来，如果你和竞争对手的商品有很大的替代性，那么你要非常关心对手的价格策略，以免被竞争对手抢去很大的市场份额。相反，如果你和竞争对手的商品有很大的互补性，那么你们之间存在着一种"你好我好"的关系，对方销量上升，对你也是福音。国家领导人见面，总是喜欢说我们双方之间的什么具有"很强的互补性"，就是这个道理。他们之间从来不会说我们双方之间的什么具有很强的替代性。

所谓互补性商品，不总是"左脚鞋右脚鞋"一对一那样"完全"互补。具体的例子，是网球拍和网球。网球打打就开始脱毛。假定以前网球便宜，网球稍许有点脱毛，你就打新的了。网球贵了后，脱毛虽然厉害，你还继续使用。网球拍只能用来打网球。比方说以前合适的消费是一支网球拍配五百个网球，现在有点脱毛继续用，变成一支网球拍配一千个网球。

【内点解和边角解】对于最优消费选择这样的问题，我们再讲两个小概念，就是**内点解**（inner solution）和**边角解**（corner solution）。在二商品模型中，不在坐标轴上的解，叫作内点解，而在坐标轴上的解，叫作边角解。这是因为，整个讨论发生在直角坐标系的正象限，正象限的边界，就是横轴和纵轴这两条坐标轴。

将来遇到的情况，绝大多数是图 4–4 那样的内点解的情况，无差异曲线和预算线相切于正象限的一个内点。所以，对于消费者最优消费选择，我们可以说“usually tendency solutions”，即通常是相切的解，相切的内点解。

图 4–7 那样的情况，也是内点解，不过不是相切的内点解。

至于图 4–5 和图 4–6 的情况，就是边角解的情况。

【配给与点配给】最后再讲一种主要发生在计划经济时代的事情，就是消费的**配给制**（rationing）。比如以前买米买粮食，要用粮票或者粮本，买布买衣服，要用布票，每个人只可以按照规定的“定量”来消费，不许超过。我们现在讨论这种配给对消费者市场机会集的影响。

配给对消费者市场机会集的影响很简单。记得消费者的市场机会集是他的预算线以下的直角三角形。假定在不实行配给的情况下，某人的最优消费选择是要消费 X 那么多的横轴商品，可是政府只允许消费 X^* 那么多，那么我们在横轴上找到 X^*，把市场机会集从 X^* 开始的右边砍掉，变成一个竖放的梯形。对纵轴商品配给的结果一样，只是把市场机会集从 Y^* 开始往上的部分砍掉，变成一个平放的梯形。

当然，如果横轴商品的配给定量 X^* 比预算线在横轴的截距还大，那么横轴方向实际上没有受到限制；如果纵轴商品的配给定量 Y^* 比预算线在纵轴的截距还大，那么纵轴方向实际上没有受到限制。如果市场机会集在纵轴方向和横轴方向都没有受到限制，那么整个市场机会集就原封不动保持完好无损。

市场机会集因为配给而缩小，原则上会影响消费者的最优消费选择。这是大家容易想象得到的。但是需要注意，也有虽然市场机会集因为配给而缩小，但是消费者的最优消费选择没有受到影响的情形。例如图 4-8，因为横轴商品和纵轴商品都实行定量供应，消费者的市场机会集从三角形 *ODC* 缩小成为五边形 *OHNMG*。可以预料，消费者的最优消费选择只能发生在斜线段 *MN* 上。但是因为在不配给的情形，消费者的最优消费选择已经是在斜线段 *MN* 上了，所以配给对于这位消费者个人的最优消费选择，并不带来影响。

假定某人的最优消费选择是消费 10 斤大米，但是配给的定量是 15 斤大米，那么这就可以作为配给并不给消费者带来实际影响的浅显例子。

接下来说说“point rationing”，我们把它叫作**点配给**。点配给与粮票、布票这样的配给不同。在 20 世纪六七十年代“文化大革命”前后那段非常困难的时期，广州和其他一些城市曾经发行过一种叫作“工业券”的票证。比方说一年发给每个户籍居民 100 分（点）的“工业券”，居民买指定的工业品除了按照价目付钱以外，还要付一定数量的工业券。一个茶杯要 2 分工业券，一个电灯泡要 5 分，一个热水壶要 20 分，等等。总之，那时候买工业品不但

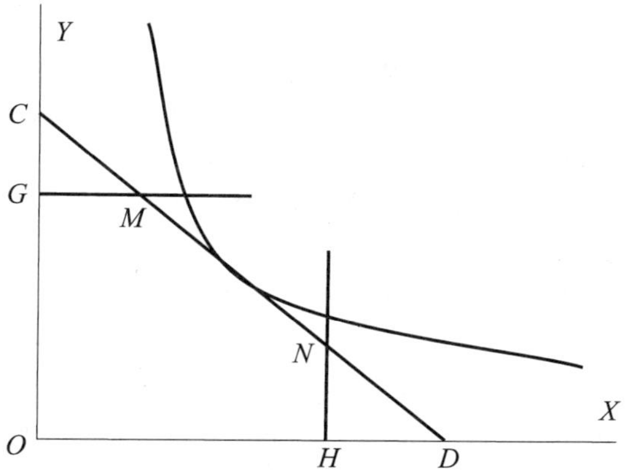

图 4-8　配给不影响最优消费选择的例子

要付钱，还要付工业券。

实行点配给会怎样影响消费者的市场机会集呢？留给大家作为课后作业。现在我给大家一些提示。

实行点配给，相当于要同时使用两种“货币”。一种是人民币货币，另外一种是工业券“货币”。假定消费者持有的工业券的数量记作 Q，买一个 X 需要付 R_X 那么多工业券，买一个 Y 需要付 R_Y 那么多工业券，这时候对于市场机会集的约束，由原来的一个 $P_XX+P_YY \leqslant I$，变成现在的两个，另外一个是 $R_XX+R_YY \leqslant Q$。

原来的市场机会集是用一个不等式表示的，现在增加了一个不等式，那么最终的市场机会集会是怎样？大家回去尝试把所有类型的结果做出来，看谁归纳得好。（Homework: Draw to show the effect of the Point Rationing on consumer's market opportunity.）画图的时候需要将截距也表示出来。

配给是物资匮乏年代的做法。即使在美国这样的发达市场经济国家，在比如战争时期，也会实行配给制度。我记得有一部以第二次世界大战为背景的美国电影，里面有这样的一个情节：一位军官为了讨女朋友的欢喜，向他的军官朋友讨配给票，以便可以为女朋友买一双高筒皮靴。

4-4 收入扩张曲线和价格提供曲线

这一节讲收入扩张曲线和价格提供曲线，“learning by doing”，你跟着我一起做，这样就学会了。在微观经济学里面，“learning by doing”很重要的是跟着我学会画图。

前面我们讲过，在常态偏好的情形，消费者的最优消费选择如图 4-9，其中切点一般用 E 表达，本意是“equilibrium”，即均衡。经济学有一个传统，把市场各种力量相互作用的最后的结果叫作均衡。之前我们也曾用过

"equilibrium"，那是单一商品市场的均衡，由市场需求曲线和市场供给曲线的交点确定。现在讨论的是消费者的最优消费选择，当消费者的选择沿着他的预算线向无差异曲线和预算线的切点移动时，消费满意程度一直在提高，在切点处达到最高，过了切点以后，消费满意程度就会降低。所以他的最优消费选择就在这个切点 E。

今天准备用一个小时来学习收入扩张曲线和价格提供曲线，考虑的问题分别是：一，当可支配收入变化时，表征最优消费选择的切点 E 的移动轨迹怎样？二，当一种商品的价格变化时，表征最优消费选择的切点 E 的移动轨迹怎样？按照第一个问题做出来的轨迹曲线，就是**收入扩张曲线**（income expansion path），按照第二个问题做出来的轨迹曲线，就是**价格提供曲线**（price

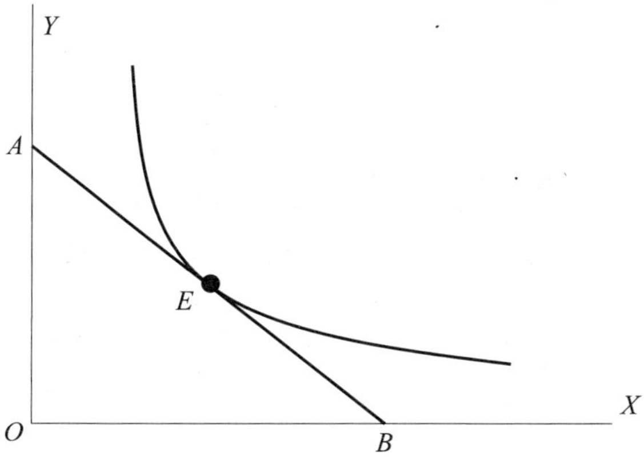

图 4-9　常态偏好的最优消费选择

offer curve）。请每个同学都在草稿纸上做，暂时限于常态偏好。记住不要使用尺子，使用尺子不仅浪费时间，而且分散思维。对于每个问题，可以有八位同学上来与大家交流。

请注意要把 E 的变化全面地反映出来。也就是说，既要反映可支配收入增加到很大的趋势，也要顾及可支配收入最终减小到零的情况，这样才能得到完整的轨迹。为了图示简洁，字母就不用写了。

第一个问题，大家做得很好。很多同学十分钟左右就初步做出来了，又琢磨十分钟，得到标准的结果：在常态偏好的条件下，收入扩张曲线是一条从原点出发向右上方伸展的曲线。有些同学画出来的收入扩张曲线是向右上方伸展的直线，这也是可以的。

【实况评论】两次一共八位志愿者上来与大家交流，他们都画得对。你们看着他们作图的整个过程，会不会觉得哪一位同学做得比其他同学更好？是的，第六位同学做得更好，因为她先画了预算线，再画无差异曲线。

如果是评阅试卷，看不到作业的过程，可以说每个人都做得对。但是因为收入扩张曲线是可支配收入变化生成的曲线，所以不应该先画无差异曲线，再去找相切的预算线，而应当是先将一条条预算线画出来，再找相切的无差异曲线。差别就在这里。

现在我们来做第二个问题。为明确起见，讨论当 X 的价格变化的时候，E 怎么变化。这个作业比刚才那个难一点，事实上做出来的曲线在经济学上也更重要。大家就像刚才那样自己在下面画，有把握了，可以上来与大家交流。同样注意，要把 X 的价格变化全部反映出来。当它越来越便宜时，便宜到几

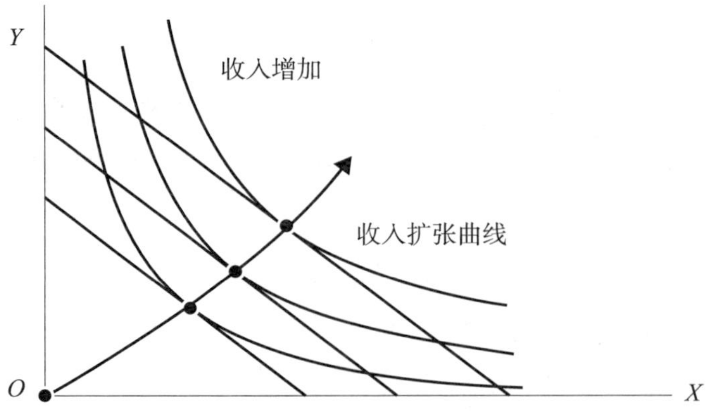

图 4-10　收入扩张曲线

乎不要钱的趋势也表现出来，当它变贵，贵到你根本就买不起，也要表现出来。

> 【实况评论】头四位同学当中的三位，画的都是上升的一小段。画得都对，但是不够好，主要是没有把全局画出来。有一位同学把价格涨到天价那么高以至于根本买不起的趋势画出来了，最后到达纵轴上的一个点。为什么是那个点呢，道理不清楚。这的确是一个困难的问题，值得我们花很多时间把它搞清楚。
>
> 典型的结果如图 4-11。“当 X 越来越便宜，消费者就选择多消费 X 而不消费 Y。”很多同学可能这样想。但实际情况也可能相反。如果 X 便宜到几乎不要钱，可是你也消费不了多少 X，反过来你变得有能力多消费 Y。
>
> 最后注意，价格提供曲线不能越过图 4-11 那条平行于 X 轴的虚线。原因在于消费者的市场机会集不可能超出这条虚线。

今天的课后练习，就是将我们学过的不同类型的无差异曲线，都拿来做做，看看在完全替代的情况下、完全互补的情况下会怎么样，多尝试多体会。至于原则，你已经学会了。

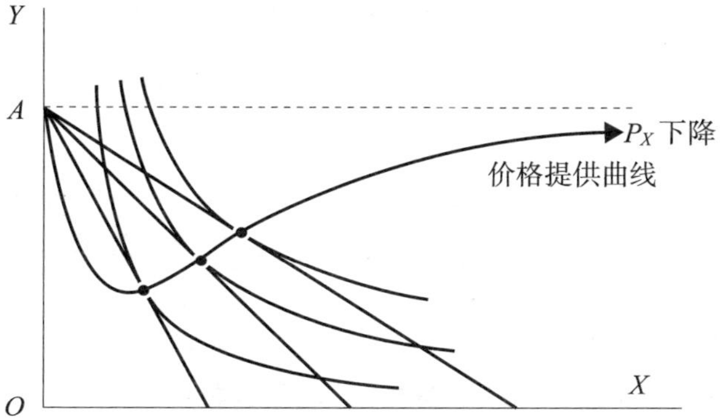

图 4-11　价格提供曲线

【利用收入扩张曲线讨论两对商品】最后一个专题，是利用收入扩张曲线，讨论**奢侈品**（luxury goods）与**必需品**（necessary goods）、**正常商品**（normal goods）与**劣等商品**（inferior goods）这两对商品的关系。

所谓正常商品，就是消费者对它的消费会随着收入增加而增加的商品。消费随着收入增加而增加，是很自然的。至于劣等商品，就是当你很穷的时候你只好用它，当你富裕起来以后，你就不喜欢再消费它了。你们爷爷奶奶这辈人许多都曾经用肥皂洗澡。到了你们父母亲这辈，就不再用肥皂了，而是用香皂，再富裕一点以后，连香皂都不用了，改用沐浴液。在浴室里面，肥皂与香皂相比，香皂是正常商品，肥皂是劣等商品。劣等商品也叫作低档商品。黑白电视机、老式的缝纫机和手表，窝窝头，都可以作为低档商品的例子。当然也有例外，因为人们的偏好不同。

奢侈品和必需品的区别，也看对它们的消费怎样随收入增加而变动。假如你现在的收入是原来的 2 倍，而你对某种商品的消费却变成原来的 3 倍、4 倍，这种商品就叫作奢侈品。反过来讲，当你的收入减半，你对它的消费却不只减半，而是变成三分之一，甚至四分之一，那么这种商品就是奢侈品。概而言之，奢侈品指的就是消费量的变化比收入变化本身来得快的商品。必需品则是消费量的变化比收入变化本身来得慢的商品。当你收入增加很多时，你对必需品的消费只是略略增加，但是当你收入减少的时候，你对必需品的消费不会减少很多。粮食就是典型的必需品，你不会因为收入增加到原来的 5 倍，饮食也增加到原来的 5 倍。

必需品和奢侈品的关系，可以用图 4–12 来表达。在比较穷的时候，例如温饱以前，必需品的消费随收入增加而增加，是非常明显的。但是比较富裕的时候，对必需品的消费仍然增加，不过增加得慢了。

正常商品与低档商品的关系，可以表现为图 4–13。图中，X 是低档商品，Y 是正常商品。但是因为 X 的消费随着收入的增加在减少，这时候 Y 的消费的增长速度，超过收入的增长速度，所以这时的 Y 进一步成为**超优商品**（superior goods）。从图上看得非常清楚，随着收入增加，X 的消费在减少，Y 的消费却增加得比收入增加的速度快很多。

如果考试请你画一条收入扩张曲线表达低档商品和超优商品的关系，你作出来图 4–13 那样的答案，应该说你已经做对了。事实上，绝大多数微观经济学教科书在表达这一关系的时候，也只画出图 4–13 那么一段。

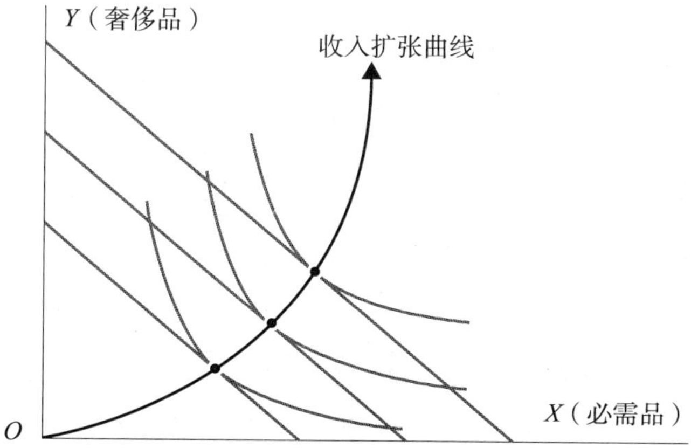

图 4–12　必需品和奢侈品

但是深入思考的同学不满足于图 4–13 那样的解答，因为他们会讲究曲线的完整性。图 4–13 那样的曲线，收入增加方向的趋势是表达清楚了，但是收入减少方向的趋势却看不出来，可见这不是个完整的解答。

那么，收入扩张曲线的倒退方向应该是怎样的呢？前面说过，当收入减少到零的时候，收入扩张曲线一定收敛到原点。所以，完整的收入扩张曲线应该如图 4–14 所示。

这时候，新的问题出现了：看图 4–14，收入扩张曲线在达到虚线表示的低档商品消费的峰值以后，的确一直朝左上方走，表明 X 的消费随收入的增加而减少。可是在到达这个峰值以前，X 的消费却随着收入的增加而增加。这样一来，我们还能够说 X 是劣等商品吗？

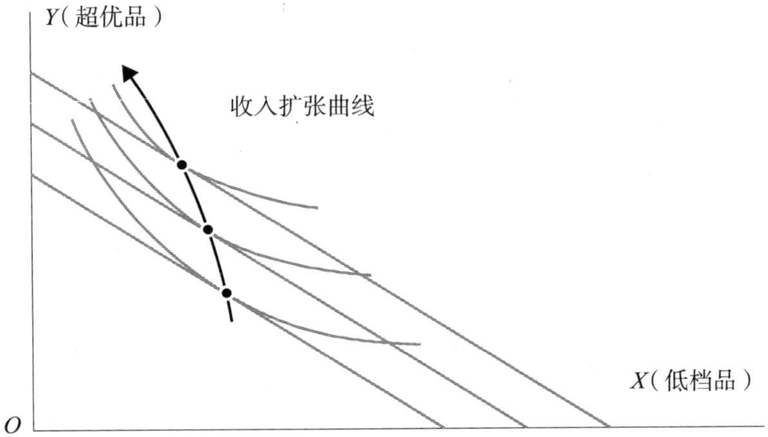

图 4-13　低档商品和超优商品（局部）

这个问题问得非常好。完整的收入扩张曲线必须是从原点出发的曲线，而且在出发以后，一定有一段是向右上方发展，不然的话，也没有空间让它可以在后来向左上方发展。这促使我们认识到，“劣等商品”或者说“低档商品”，是关于商品属性的一个阶段性的概念。只有当你已经变得有点富裕了的时候，某些商品对于你才表现出低档性来。当一个人很穷，温饱还没有解决，甚至连活命都成问题，这时候，他眼前就没有什么低档商品了。

经济学历史上，曾经不止一次出现因为曲线画出来不符合人们原来的设想而迫使人们的思考深入下去的美谈。这也是我们强调曲线要画完整的道理。

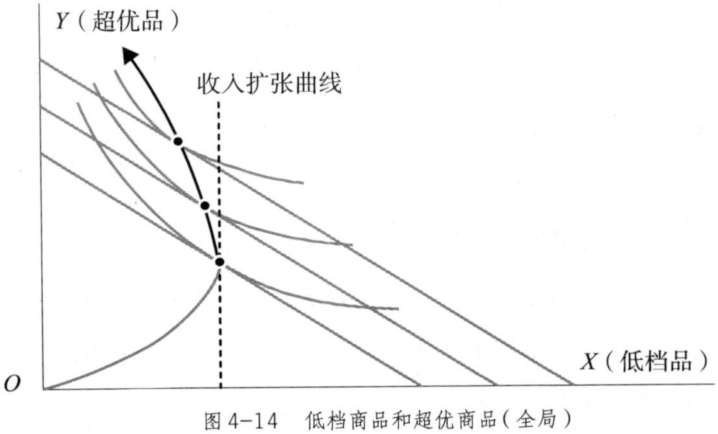

图 4-14　低档商品和超优商品（全局）

第五讲　帕累托标准和交换创造财富

今天的三节课安排如下：后面两节讲财富创造。首先是讨论没有生产的“纯交换”情形交易如何创造财富，然后再把生产纳进来。在讲财富创造之前，先要明确经济学里面一个很重要的**帕累托**（Pareto）效率标准。

5-1　帕累托改善与帕累托效率

效率是经济学里面一个很富争议的概念。让我们从一个例子展开吧。

假定在工作了一段时间以后，老板拿一千元钱给两个为他打工的人，让他们自己分。那么，他们两个人怎样分配这一千元钱，才算是合理的、最优的，或者是有效率的呢？大家可以想到，人们对此可能会有许多不同的要求。你们坐在教室里，也许马上会觉得，每人五百元最好。可你们不是当事人。说不定，两人中的一位认为自己的贡献比较大，应该分七百元：“我干的是技术活儿，他只是给我当下手而已。”类似这样，就会产生不同的看法。所以关于这一千元钱如何分配这个事关效率的问题，是一个貌似简单但可能争议颇多的问题，因为你们不了解它的背景。

记得我们曾在前面讲过，没有提到的东西就不要把它扯进我们要讨论的问题。但现在的情况是，如果不知道他们的贡献程度，这个问题你是很难下手的。当你说应该每人五百元的时候，你已经把没有提到的东西扯进我们要讨论的问题了，那就是凭空添加了他们两人的贡献相仿的假设，自觉或者不自觉就这样做了。

在进一步的背景不清楚的时候，我们首先要接受背景不清楚的现实，看看能够采用怎么样的效率标准，来探讨分配的效率。你们在小学时候学过两个数或者几个数的“最大公约数”，例如 2、3 和 6 都是 30 和 12 的公约数，6 是它们的最大公约数。现在我们按照类似最大公约数的意思，考虑这样一个问题：在背景不清楚的情况下，怎样的效率标准，是大家都能够接受的效率标准。也就是说，这个标准提出来，要使得现状如果没有达到这样的效率标准的话，双方都会心悦诚服地觉得，现状的确没有达到他们各自心目中并不相同的效率标准。

上面讲得有点抽象了，让我们回到两个人分一千元钱的具体例子。因为是分一千元钱，如果一位得到三百元钱而另一位得到四百元钱，那么在分钱的两位看来，这个现状都是不符合他们的效率要求的，因为那一千元钱没有分完。

没有分完，就还可以分下去。比如再分给两位各一百元钱，他们都改善了；或者只给头一位一百元钱，头一位改善了，另外一位没有得到改善，但是也没有受损。

这种类似“最大公约数”思维，引导经济学家形成以帕累托命名的效率概念。帕累托（Vilfredo Pareto，1848~1923）是意大利的一位经济学家。为了说明帕累托效率的概念，首先要说明什么叫作帕累托改善。如果实行一种做法能够改善若干当事人而不损害任何其他当事人，那么我们说这种做法的实施，是一种**帕累托改善**（Pareto improvement）的过程。

回到刚才两人分一千元钱的例子，如果现状是一位得到三百元钱而另一位得到四百元钱，那么按照定义，固然再分给两位各一百元钱，是一种帕累托改善；但是只再给头一位一百元钱，也是一种帕累托改善，因为头一位改善了，而另外一位没有受损。

帕累托效率，是用来评价资源配置的不同方式的一个概念。尽管两个人怎么分一千元钱是个非常简单的事情，但是也有许多不同的配置方式，比如大家容易想到的 500 与 500，600 与 400，700 与 300 等，比比皆是，而且你们不容易想到的 300 与 500，400 与 100，27 与 679，137 与 602 等，也都是不同的配置方式。怎么评价这许多不同的配置方式的优劣呢？当代主流经济学接受这样的概念：如果资源的一种配置方式已经到了不能再做任何帕累托改善了，就说这种配置方式已经是**帕累托效率**（Pareto inefficient）的了，或者说已经是**帕累托最优**（Pareto optimal）的了。与此相应，如果资源的一种配置方式仍然可以做帕累托改善，就说这种配置方式是**帕累托无效率**（Pareto inefficient）的。

回到两个人怎么分一千元钱这个非常简单的问题，分配给两个人的钱分别为 500 与 500，或者 600 与 400，或者 700 与 300，都是帕累托效率的分配，或者说是帕累托最优的分配，而分配给两个人的钱分别为 300 与 500，或者 400 与 100，或者 27 与 679，或者 137 与 602，都是帕累托无效率的分配。

归纳起来："It is Pareto efficient if there is already no way to make anymore Pareto improvement." 作为汉语的习惯，说一种配置是帕累托效率的，不如说这种配置是帕累托最优的。

在理解帕累托改善的时候，有一个很重要的问题需要强调，就是不要把心理因素扯进来。在前面两个人分一千元钱的例子中，假定一个人已经拿了 500，另外一个人只拿了 300，如果把剩下的 200 还是分配给那个原来已经得到 500 的人，我们仍然说这是一种帕累托改善，因为头一个人确实改善了，而第二个人也没有损失。按照定义，就是这样。在这个例子里面，我们衡量一个人的利益，就看数目字的大小。你一定觉得，原来已经分得 500 的人又多拿了 200，而原来只拿到 300 的人本来就已经吃亏，现在没有增加会感到更吃亏。这是心理因素。尽管心理因素所起的作用在现实里面可以观察得到，但它只能排在第二位。所以，我们现在不要把心理因素牵扯进来，因为一旦心理因素被牵扯进来，就会变成需要别的学科来探讨的问题。

容易把心理因素扯进来的另外一个原因，是大家没有想到：只要能够在不损害其他人的情况下改善一个人，就可以同时改善所有当事人。比方说你可以在不损害其他人的情况下改善一个人，改善的程度是 A，那么你也可以提出方案，让每个当事人都改善同样的份额 A/N，这里 N 是所有当事人的人数。可见，可以做帕累托改善的状态，一定是可以让所有当事人都得到帕累托改善的状态，从而它是帕累托无效率的状态。

总之，“不能做帕累托改善的状态就是帕累托效率的状态”。读起来有点拗口。它并不牵涉另外一个非常重要的考量，即关于公平性的考量。它只看是不是还可以进行帕累托改善。事实上，只有帕累托改善，才是所有当事人都不抗拒的社会操作。不是帕累托改善的改善，那就是一些人改善却让另外一些人吃亏，它只能在强迫的条件下实行。

5–2　民怨的经济学分析

民怨的经济学分析，大家可能是第一次接触。不过，你们至少知道这么一种情况，就是改革开放三十多年，中国的国力提升了很多，老百姓的生活也改善了很多，但是民怨却还是相当厉害。据我观察，三十多年来，民怨有两个高潮，一个是 1988 年到 1993 年期间，另外一次就是最近这几年。两次民怨高潮的经济学背景，却有点不一样。

关于第一次民怨高潮，我觉得最典型的文学性概括是：“拿起饭碗吃肉，放下筷子骂娘。”据我观察，“拿起饭碗吃肉，放下筷子骂娘”的主要群体，是知识分子和青年学生，还有一部分讲究独立思考的工人和中下层干部。

在改革开放以前，对于包括知识分子在内的绝大多数中国人来说，吃饱已经很不容易，吃肉就更是梦寐以求的享受了。现在吃得上肉了，他们的生活是明显改善了的，但是却要“骂娘”，我想很大程度上是因为他们普遍有一种被欺骗感。

20 世纪 80 年代中后期，有关部门曾经组织哈尔滨、西安的一批高级知识分子，去深圳特区参观，目的是让他们了解特区的“辉煌成就”，让他们知道自己未来美好的前景也会是这个样子。多年来，这些知识分子响应国家号召，在哈尔滨和西安从事国防高科技领域的研究，为祖国奉献了大半辈子，但是当时他们仍然过着非常清贫的生活。例如，他们住的房子基本上都是没有独立厨房和卫生间的所谓“筒子楼”，有些人甚至要下楼去如厕。作为对比，当时深圳的许多居民却已经住着比较宽敞的楼房了，都有独立的厨房和卫生间。这些参观者原来的一些同事，不管由于什么原因移民到了深圳，因为是管理人员和技术人员，住房和收入就比深圳一般居民更好一些。这些高级知识分子参观者在看到这一切之后，自然有一些人感觉受到鼓舞，却也有不少人委屈得流下泪水。他们认为自己为祖国做出的贡献，绝不比在深圳工作的同事少，不明白为什么国家给自己的待遇，却与深圳相差这么大！这次参观有这样严重的负面作用，是主事者始料不及的。本来，这些知识分子长期接受党的教育，他们不仅最讲奉献，而且最相信党的教导。问题是过去的教导一直说“社会主义的旗帜上写着按劳分配”，但是现在他们看到的现实生活却根本不是这么一回事，所以他们感到委屈，许多人有受骗的感觉。

有效率地生产和较公平地分配，是经济学面对的基本问题。价格机制和分配制度，是基本问题在经济机理层面和经济政策层面的主要论题。价格机制是社会分配的机理所在。既然不科学地认定价值价格由劳动决定，自然就应该按劳分配了。

为什么以往的宣传教育那么脱离实际呢？下面关于苏俄版政治经济学和现代经济学两个理论体系的对比表格，可以帮助我们分析其中的脉络。

体　系	苏俄版政治经济学	现代经济学
财富创造	劳动创造财富	劳动、资本和其他生产要素共同创造财富
价格机制	社会必要劳动时间决定商品的价值，价值是价格的轴心	商品的市场供求关系决定商品的市场价格
社会财富收入分配	劳动创造，劳动决定，因而按劳分配	首先要看市场实现，再按投入要素分配
现实的分配制度	按劳分配	按效益和按要素分配
理想的分配制度	按劳分配	按效益和按要素分配，逐步做到按劳分配为主

从以上对比可以看出，在各自的体系中，相应的论述都是顺理成章的，但是得到的制度结论，一个是实现不了的按劳分配，另一个则大体符合实际：首先要看市场实现如何，有人把它叫作“按效益分配”，然后是“按投入的要素分配”，其中包括按劳分配。后者就是表上粗略概括的“按效益和按要素分配”，而因为随着经济发展和社会进步，劳动对于资本和其他要素的分量越来越重，“按效益和按要素分配”就会逐步发展到以“按劳分配”为主。

在实际生活中没有完全做到按劳分配，才是一方面生活在改善另一方面却要“骂娘”的原因。

当前这第二波民怨高潮，却有一个特征，是因为有人感觉生活变得比以前差了，才有那么多抱怨。事实上，改革开放的头十年十几年，大部分的改变，都体现帕累托改善的特征，那就是虽然有些人改善得比你多，甚至多很多，但是好歹你也在改善。而现在的情况，就很难这样概括了。

中国的改革开放最早从哪里开始的？是从农村开始的。农村实行包产到户，农民开始有积极性，开始有几个钱了。当时，我们国家在生产资料领域实行价格“双轨制”，在“计划”下的那一轨，按照计划价格来调拨生产资料，计划完成以后剩下的部分，可以在初步开放的市场上“随行就市”，价格由市场的供求关系来确定。当时农民做死做活，一年挣个一两千元钱就不错了。但是在双轨制的条件下，一些高干子弟和有“关系”的人，他们很容易拿到“批条”，比方说1000吨什么生产资料，原本凭批条调拨过来的计划价格为500元钱一吨，经过他们左搞右搞，一部分拿到市场上能够以2000元钱一吨的价格卖出去。就这么一转手，他们赚的钱就比农民苦干一年多很多。所以，不公平一直是存在的。但是不公平的存在，并不妨碍当时的发展是一种帕累托改善。具体来说，那些有门路的、轻易拿到批条的，他们可以发大财；而农民辛辛苦苦劳动，有个一两千元的收入，比起过去，也算是改善了许多。这就符合帕累托改善的特征。

为什么现在人民的生活比过去好了很多，而社会怨气反而更大呢，原因就是现在的发展，已经不能概括为帕累托改善了。现在首先一个很大的问题，就是“国进民退”。前年一下子投放四万个亿，现在又投放多少万亿，几乎全部投给国有企业，特别是国有大垄断企业，把私营企业挤得好苦。另外一个问题是通货膨胀，严重地稀释老百姓的财富，侵蚀老百姓的财富。

国进民退中的那个“国进”，具体到何种程度？铁道部部长被抓了，仅仅他的一个下属，就已经把几十亿美元的财富，转移到国外。真是富可敌国啊。另一方面，老百姓怎么样呢？老百姓面对的是飞速上涨的物价。昨天晚上我们岭南学院经济学系的老师一起吃饭，有个老师到我们学院来教书已经十几年了，他说刚到广州的时候，某连锁快餐的价格大约是十元钱，现在是二十几元钱了。这个通货膨胀，你们都可以感觉得到，而你们父母对通货膨胀的感觉，就更加厉害。

概而言之，我觉得受骗感是第一次民怨高潮的重要原因，而第二次民怨高潮的背景，则是不少人的生活水平在下降，实际发展已经不再具有帕累托改善的特征。

5-3 纯交换的财富创造

这一节我们说说自愿的交换怎样“无中生有”地创造财富，增进双方的福利。

粉碎“四人帮”以后举办的首届华罗庚数学竞赛上，小学组有一道这样的题目：若干人在水龙头前面排队打水，水桶有大有小，他们应该怎样排队，才能使得大家在水龙头前面耗费的总的排队时间最短？

应该怎样排队，才能使得总的排队时间最短。这是一个寻求“最优化”的题目，目标是节省总的排队时间，达到集体的最优。

这个题目的时代色彩很浓。首先是当时别说农村，就是许多城市，居民也还是要到公共水龙头排队打水。更有意思的是，题目的着眼点是总的排队时间最短，固然体现集体主义的精神，却也反映了计划经济的思维。

另外，这个排队打水的题目，至少有两个大家都会想到一块儿去的“隐含”的假设条件。一是水龙头的供水速度不变，是一个常数；二是每个排队接水的人都在自己的桶接满了水以后才离开。这样一来，用大水桶接水的人，接水时间就长，用小水桶接水的人，接水时间就短。

大家容易猜到这个题目的答案：到水龙头打水的人，按照他们水桶的大小，从小到大排队。这样，他们花在排队上面的总的时间最短。

猜到正确的答案，也是一种本事，所谓**经济学直觉**是也，可以得到一半分数。猜到以后证明它的确是最优的方案，则是难点所在。

其实，方案的最优性可以用**反证法**这样证明：首先，只要不按照水桶大小从小到大排，就至少有“挨个”的两个人是大桶在前小桶在后，这时候如果他们换位，那么别人的排队时间不变，而他们两人总的排队时间就已经缩短了，从而大家总的排队时间就会缩短。可见，只要违背了水桶从小到大的排队方案，造成大桶在小桶的前面，一定浪费时间。这就证明了，从桶小到桶大的排队方案最节省总的排队时间，是最优方案。

比方说大桶接满需要 20 分钟，小桶接满需要 10 分钟，那么从轮到这相邻两位开始算，原来大桶在前小桶在后，大桶者需要 20 分钟，小桶者要等待前面的大桶把水接满才轮到自己接水，所以他需要 20+10=30 分钟，两人合共需要 50 分钟。如果他们换位，小桶者先接水，他需要 10 分钟，大桶者在后，他需要 10+20=30 分钟，两人合共只需要 40 分钟。两相比较，两人一共节约了 10 分钟。

但是，如果排队的都是平等的居民，上述最优化方案就实现不了，因为如果水桶大的人已经排在前面了，凭什么让他排到后面去呢？尽管你跟他说换位可以使全体总的排队时间缩短并且他也明白这个道理，可是他自己排队的时间就会因此而延长。所以，他不肯换到后面去。

最优方案难以实现，是因为集体的最优不等于每个人的最优。从最优方案之难以实现，可以体会经济学为什么那么讲究以意大利古典经济学家帕累托命名的“帕累托效率”标准。所谓“帕累托改善”，是指在没有人受损的情况下一些人得到改善；不能够再帕累托改善的状况，则称为“帕累托效率”或者“帕累托最优”的状况。让大桶者换到后面去，虽然有人改善了，甚至可能多数人都改善了，但是大桶者本人却受损了。所以这不是帕累托改善。只要大家都是奉行“自身利益最大化”的所谓“理性人”，凡不是帕累托改善，就无法实现，因为哪怕总体改善，还是有人受损，受损的人不愿意。

这也是经济学家把不能再做帕累托改善的状况定义成帕累托最优状况的道理，因为经济关系是当事人自主的关系，经济行为是当事人自愿的行为，而经济学家并不设想强迫什么人做什么事。

当然，通过政治过程，上述最优方案还是可以实现的。一种办法是“英明独裁”，大家都服从一个为大家的“整体利益”着想的独裁者，他吩咐大家从桶小到桶大排队，不管你是否乐意。另一种办法则是“民主独裁”，由一个人主持少数服从多数的表决，首先表决水桶最大的人排到最后面去好不好，因为多数人赞成，他只好排到最后去；然后表决水桶第二大的人排到倒数第二位去好不好，因为还是多数人赞成，他也只好排到倒数第二位去。这样一次一次做下去，终于达到总体最优。这样做，形式上民主，少数服从多数，实际上还是独裁，因为大家对程序和操作都没有发言权。凭什么大家只能就主持人提出的那些个“yes-or-no”进行表决呢？重要的是，不管是英明独裁还是民主独裁，总有一些人不乐意。

但是，经济学家知道，只要允许自主的人们相互之间交易，上述最优化方案在自愿前提下的可行性就不成为问题。事实上既不需要英明独裁，也不需要民主独裁，人们可以通过互利的交易，实现社会总成本的节约，并且皆大欢喜，没有人吃亏，没有人需要服从。

怎么做呢？还是以前面说的大桶接满水需要20分钟、小桶接满水需要10分钟的例子来说明吧。假定这些排队的人的时间价值是每分钟1角钱。原来大桶在前小桶在后，小桶者可以提出和大桶者交换位置，并且给他15角钱作为补偿，这样他自己就可以站到前面一点。关切自己利益的大桶者应该是肯的，因为交换位置以后，他站后了一位，需要多花10分钟排队，可是他得到的补偿是15角钱，相当于补偿了他可以干活的15分钟，两相比较，交易使他净“赚”了5分钟。提出交易的小桶者付出去15角钱，相当于付出去15分钟，却因为排队站前了一位省回来20分钟。这样，他因为建议并且实施这项交易，净“赚”了5分钟。

你看，不需要额外的花费，只需要制度允许人们做交易，那么人们就能够从自愿的交易中相互得利，社会为排队打水所花费的总成本节约了许多。

时间节约，等于福利提高。于公于私，都是好事。

记得上面的推导有一个条件，就是排队者的时间价值一样。如果时间价值差别不大，上述结论仍然成立，这是大家容易自己证明的。但是如果两个人的时间价值差别很大，情况就不一样了。比方说你每分钟挣 1 角钱，排在你后面那位每分钟挣 2 元钱，那么不管你们两位谁是接水需要 20 分钟的大桶者，谁是接水需要 10 分钟的小桶者，后面那位还是会提出和你换位的交易。这也容易证明。

实际上，后面这种情况，也说明高官老总不排队的道理。他有什么本来需要排队的事情，他甚至可以不和你照面，而是吩咐他手下每分钟工资 2 角钱的伙计替他搞定。

为了进一步说明交易创造财富，我还构造了下述“交相利”的孤岛模型，“交相利”出自我们两千多年前的先贤墨子。

设想因为游轮失事，两个相互不认识的文明人侥幸被冲上同一个岛礁。惊险和混乱之中，张三抓住一箱 100 瓶饮用水，约翰抓住一箱 100 包饼干。他们就这样被困在岛礁，不知道什么时候会有人发现他们并且把他们救出去。岛礁上寸草不生，没有淡水，附近也看不到鱼虾。他们的所有财产，就是张三的 100 瓶饮用水和约翰的 100 包饼干。在海难的情况下，孤单的生还者难得抓住漂过来的饮用水或者饼干，据为己有，不让它们随风逝去沉入大海，法理上应该也说得过去。

现在，一箱饮用水是张三的私有财产，一箱饼干是约翰的私有财产。他们是文明人，不会做夺取私有财产的事情。惊魂稍定之余，他们要考虑怎么生存下去。

张三饿极了，他没有东西吃。看着约翰有那么多饼干，他提出以 1 瓶水交换约翰的 1 包饼干。约翰渴死了，他没有淡水喝。正在发愁，现在张三提出以他的 1 瓶水交换自己的 1 包饼干，他当然同意交换。于是交易成立。

现在我们想想，对于张三来说，这交换来的 1 包饼干，值他的多少瓶水？

肯定不止值 1 瓶水，也不止值 2 瓶水、3 瓶水，这点我想大家都会同意。至于这交换来的头 1 包饼干究竟值他的多少瓶水，自然不同的读者可以有不同的感受，但是按照我的想象，这 1 包饼干能值他的 10 瓶水，恐怕你们也不好说没有道理。

如果这 1 包饼干对于张三就值 10 瓶水，那么以饮用水的瓶数来衡量，张三的财富就魔术般地从原来的 100 瓶水变成了相当于 109 瓶水！

要是张三再以 1 瓶水交换约翰的 1 包饼干，这第 2 包饼干对于张三，我想象可能值 9 瓶多水，从而张三的财富就进一步变得超过 98 + 10 + 9 = 117 瓶水！

假设为了活命，饮用水和饼干的最佳配置是 1 瓶水配 1 包饼干。张三和约翰就可以按照上述模式交易，一直交易到张三和约翰都各有 50 瓶水和 50 包饼干为止。

大家知道，利益是交易的前提，放在这里，也可以说境况改善是交易的前提。所以，当张三和约翰按照上述模式交易至各有 50 瓶水和 50 包饼干以后，他们不再有交易的激励。既然这样，我们可以想象这最后交换回来的第 50 包饼干，正好只值张三的 1 瓶水多一点点。

为了模型计算方便，我们假设随着交易的进行，新交易回来的饼干相对于原来持有的饮用水的价值，线性地下降，从开始的每包饼干值 10 瓶水，线性地下降到每包饼干只值 1 瓶水多一点点。运用从 1 加到 100 等于 50 个 101 的技巧，我们知道从 10 开始线性地下降到 1 这么 50 个数字相加，结果是 25 个 11，也就是 275。这样我们就知道，通过上述互利的交易，张三的财富已经从原来的 100 瓶水上升到现在的超过 275 + 50 = 325 瓶水！同样，约翰的财富从原来的 100 包饼干上升到现在的超过 275 + 50 = 325 包饼干。

前面排队的例子告诉我们，交易可以“无中生有”地创造财富，现在的孤岛模型告诉我们，互利的交易可以“无中生有”地让海难生还者的财富膨胀到三四倍。

在孤岛模型中，随着交易的进行，张三的饮用水的瓶数从 100 开始下降，饼干的包数则从 0 开始上升。在这个动态变化的过程中，既然张三的饮用水的瓶数在下降，换回来的饼干的包数在增加，那么因为物以稀为贵，每瓶饮用水对于张三的价值在上升，每包饼干对于他的价值在下降。这时候，原来张三交换回来的头 1 包饼干，还值他的 10 瓶饮用水吗?

这个问题问得好。的确，物以稀为贵是市场经济的基本规律，经济现象都逃不过物以稀为贵规律的支配。同时兼顾物以稀为贵带来的价值变化和交换当时的价值折算，的确比较困难，但是我们至少知道，在上述动态变化使得张三交换回来的饼干的财富价值按照饮用水瓶数衡量可能下降的同时，同样依据物以稀为贵的规律，他仍然持有的每瓶饮用水的价值却在上升。一降一升，至少可以相互冲抵。

至于觉得张三交换回来的头 1 包饼干不值他的 10 瓶水，也没有问题，因为你总不至于觉得它只值 1 瓶水 2 瓶水吧。假设你觉得它值 5 瓶水比较合适，那么按照上面的推导，照样可以得出交易创造财富的结论。

之所以特别讲这个“孤岛模型”，还有另外一层意思，就是说明互利的交易都不是你们以前被灌输的“等价交换”，而是不等价的交换。对于张三来说，一瓶水不如一包饼干要紧，所以他愿意拿一瓶水换一包饼干；同样，对于约翰来说，一包饼干不如一瓶水那么有“价值”，所以他愿意拿一包饼干换一瓶水。交换以后，他们的福利水平都得到提高。所谓“等价交换”，是非常迂腐的说教，只有不等价的交换，才是互相增进福利的交换。

5-4 有生产的财富创造

上述交换和交易创造利益和财富的机理，也可以用基于无差异曲线的图形来分析。

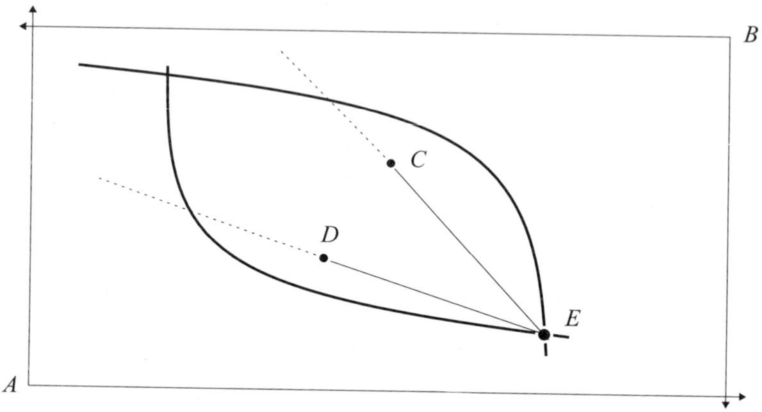

图 5-1 交换创造利益

在图 5-1，我们看到主体人 A 的正常位置摆放的一条无差异曲线，其中 E 是他的初始持有。沿用横轴商品记为 X、纵轴商品记为 Y 的惯例，我们知道 A 拥有比较多的 X 和相当少的 Y。主体人 B 的无差异曲线连同他的直角坐标架，则是 180° 倒过来的，其中 E 也是他的初始持有，从而我们知道 B 拥有比较少的 X 和非常多的 Y。之所以 A 的初始持有是 E，B 的初始持有也是 E，只不过因为我们把他们各自的 E 钉在了一起。

这时候你看，两位主体人各自通过自己的初始持有 E 的无差异曲线，围成了一个纺锤形区域。按照无差异曲线代表消费满意程度的理解，我们知道，纺锤形区域里面的每一个点，无论站在 A 的立场还是站在 B 的立场，都比原来的 E 好。这个纺锤形区域，就叫作两位当事人的**交易互利区域**（region of mutual advantages）。

既然对于双方来说纺锤形区域里面的点都比原来的初始持有好，那么是否可以走到那里去，让双方都得到改善呢？当然可以，画一条直线过去就是了。比如画到 C 去，当事人 A 改善了很多，但是当事人 B 也得到改善；如果画到 D 去，那么当事人 A 只改善了一点，当事人 B 却改善了很多。

所谓“画到 C 去”，实际上是一个交换的过程。我们说过，直线的斜率，表示纵轴商品和横轴商品的相对价格。按照这个相对价格交换，两位当事人的持有，都可以从原来的 *E* 走到 *C*。

理解了上述机理，就会进一步知道，如果从原来的 *E* 走到 *C*，当事人 *A* 的利益增长得更多；反之，如果从原来的 *E* 走到 *D*，当事人 *B* 的利益增长得更多。那么究竟走到 *C* 或者 *C* 附近的地方，还是走到 *D* 或者 *D* 附近的地方，就看双方讨价还价的能力了。还有一个问题，就是走到哪里才算是比较公平的交换结果。不过这两个问题都已经超出本课程的要求了。

上述讨论方法，叫作**艾奇沃斯盒**（Edgeworth box）分析，艾奇沃斯（Francis Y. Edgeworth，1845~1926）是近代英国经济学家。艾奇沃斯分析，以及下面把生产纳入进来的交易互利讨论，都略略超出本课程的基本要求。之所以还是要讲这些，是为了给大家提供一个进一步发展经济学直觉的机会。

现在我们把生产也考虑进来继续讲交换创造财富，这就是国际贸易理论了。

首先是国家福利的无差异曲线表达。还是运用二商品模型的老套路，把一个国家的消费概括为比如工业品和农业品，或者劳动密集型产品和技术密集型产品，总之就是 *X* 和 *Y*，如图 5–2。国家的福利水平 *U*，可以用无差异曲线表达。同样，常态的无差异曲线凸向原点。

需要一个新的概念，就是一个国家的**生产可能性边界**（production-posibility frontier, PPF），我们把它画在同一张图上。生产可能性边界凹向原点。意思是，如果一个国家集中全部力量只生产横轴商品，她能够生产出可能性边界与横轴的交点那么多。但这样的生产是不经济的。同时生产两样东西，才比较经济。同学们至少听说过，当你生产一样东西的时候，肯定有一些废料出来，而这种废料又可以拿来生产别的东西。在前工业化时代，广东顺德的农业是比较发达的，其中一个模式是“桑基鱼塘”，鱼塘边上种桑树，桑叶用来喂蚕，因此顺德的缫丝业发达，蚕的排泄物拿去鱼塘喂鱼，鱼还长得不错，形成良性循环。总之比只种桑养蚕或者只养鱼好得多。

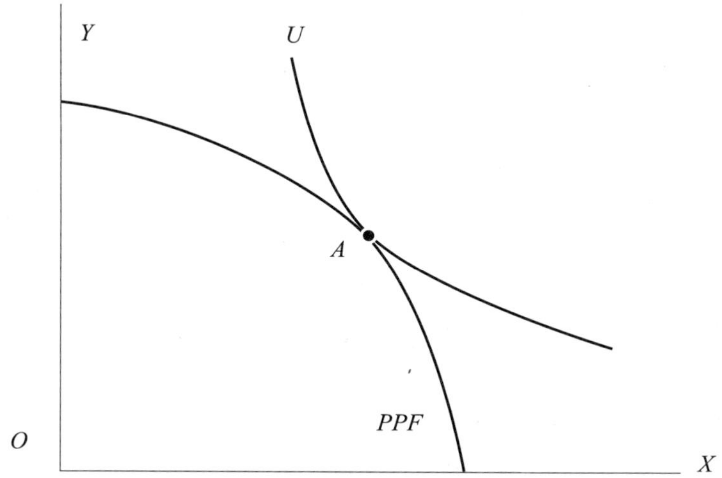

图 5-2 没有贸易的生产和消费

这时候我们知道，按照福利水平最大化的要求，这个国家应该在生产可能性边界与福利无差异曲线的切点 *A* 生产，并且就在 *A* 点消费。这是闭关自守不参加国际贸易条件下最好的选择。相反，如果在生产可能性边界的其他地方生产，虽然也算是尽全力了，可是达到的福利水平却没有那么高。这个切点之所以用 *A* 表示，是因为它是“Autarky”即自给自足或者闭关自守条件下的最优解。

假设现在改革开放了，开展国际贸易了，首先就有国际市场上 *X* 和 *Y* 的相对价格。正如我们熟悉的，它由交换线的斜率表示，*X* 越贵，交换线就越陡。现在把这条交换直线平移到与这个国家的生产可能性边界相切，就会产生一个切点 *P*，见图 5-3。原来没有国际贸易，就在 *A* 处生产、在 *A* 处消费；现在有了国际贸易，就在 *P* 处生产，在经过 *P* 的相对价格线与福利水平最高的无差异曲线相切的地方 *C* 消费，整个国家的福利水平得到很大提高。

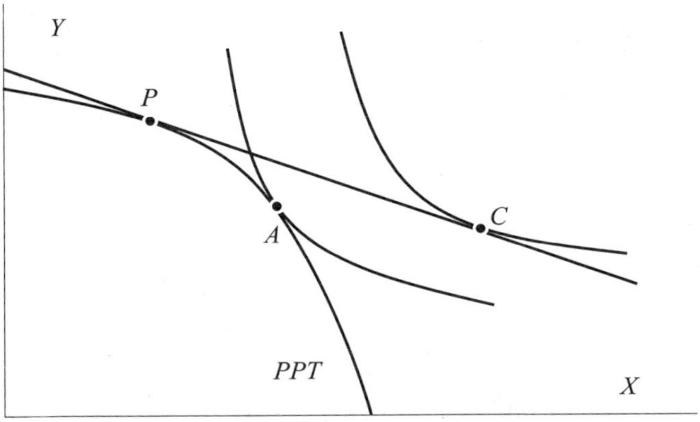

图 5-3 贸易对生产、消费和福利水平的影响

理解这张图，要抓住三个关键点：一是贸易带来生产的专业化，由从 *A* 到 *P* 的变化表示；二是贸易导致生产和消费分离，由 *P* 和 *C* 的分离表示；三是贸易带来福利水平的提高，由从 *A* 到 *C* 的改善表示。归纳起来："Trade leads to Specialization, to Separation of Production and Consumption, and to Social Wealth Improvement." 值得说明的是贸易导致生产专业化。面对国际市场价格，这个国家发现它生产 *Y* 有比较优势，因此就多生产 *Y*，以便通过国际贸易达到在 *C* 的满意程度较高的消费。

以上就是国际贸易理论中著名的**赫克歇尔 - 奥林理论**（Heckscher-Ohlin Theory）的要点。赫克歇尔（Eli Filip Heckscher，1879~1952）和奥林（Bertil Gottard Ohlin，1899~1979）都是瑞典经济学家，赫克歇尔是奥林的老师。赫克歇尔在 20 世纪 50 年代去世，奥林则活到 1979 年。经济学诺贝尔学奖从 1969 年开始颁发，只授予健在的经济学家。奥林获得 1977 年度的经济学诺贝尔奖，获奖的主要原因，就是他和他的老师对国际贸易理论的贡献。

"兼相爱，交相利"是我国古代思想家墨子的义利观。其中"交相利"的提法，深刻地道出了互利的不等价的交换的社会价值。大家可以结合本讲的图 5-1 和图 5-3，进一步理解"交相利"的经济学含意。

第六讲　需求的价格弹性

我们在头两次课曾经谈到市场上商品的需求量和供给量对于商品交易价格的敏感度、灵敏度。当时说的敏感度和灵敏度，是一种粗略的、引导性的说法。准确的概念，是今天要讲的“弹性”。具体来说，是需求量和供给量对于交易价格变化的“弹性”。

新课之前，先讨论上次课以后大家提出的两个带普遍性的问题。

【前课课后讨论】有同学在“百度知道”查到关于无差异曲线凸向原点和凹向原点的几种解释。我想，全国只有最好的几所大学的经济学专业的学生，才能够把这些问题搞清楚，而“百度知道”是谁都可以在那里发表见解的地方，对于这些意见，你们要有自己的判断。

例如这位同学查到说，如果消费的两种商品都是劣等品的时候，离原点越近的无差异曲线效用水平越高。这是不对的，原因是把劣等品当成坏品了。劣等品是好品，不是坏品。上次我还跟大家说，劣等品是商品的一个阶段性的概念。你比较富有一些了，有些东西才变成劣等品，在你很穷的时候，它们不是劣等品。所以，你可以去查“百度知道”，但是不能代替你与老师和同学的讨论。我们大家讨论得出的结果，通常比“百度知道”要好得多。

另外一个问题是关于恰好消费偏好的，他问：“离恰好点越近的无差异曲线，表示的消费满意程度就越高吗？”是的，就是这样。所谓恰好消费偏好，就是你对这种商品的消费有一个恰好数量，不够的时候你想增加对它的消费，超过了的时候你就讨厌再增加消费它了。这位同学还问，如果只有一组消费组合（X，Y）让消费满意程度最高的话，其他任意一组（X，Y）可能是另外一种消费满意程度，可是它们之间无法相互比较。这里我们要注意，可以比较不同的消费组合，是经济学对于“理性人”这个讨论对象的基本假设。经济学讨论人们的“理性行为”，而理性行为的一个基本要求，就是能够比较不同的消费组合。也就是说，主体人面对任意两个不同的消费组合 A 和 B，必须能够对两者做出比较，包括判断 A 比 B 好，或者判断 A 不差于 B，或者判断 A 与 B 一样好，等等。总之要能够判断。缺乏判断力的当事人如何行事，不在经济学讨论之列。

还有一位同学提到孤岛模型。我上次说最后交换到两人都是 50 瓶水和 50 包饼干。这个同学不同意，他说大家都知道，对于存活，水比饼干更宝贵。他这样认识是可以的，让水多的人占点便宜，换 40 瓶水出去，其他的 60 瓶他就不肯换了。具体数据有所不同，但是对我们的孤岛模型的讨论没有实质性的影响，只是细节上有些变化。上次我们假定一瓶水搭配一包饼最有利于存活下去，只是为了讨论方便。如果你做另外的假设，比方说假定一瓶水搭配一点二包饼干最有利，同样可以讨论到底，只是计算会麻烦一点而已。

6–1　需求的价格弹性

现在我们讲新课：弹性，主要是需求的价格弹性、需求的收入弹性和供给的价格弹性。讲透了需求的价格弹性，另外两个也就清楚了。

弹性，本来是物理学从人们生活经验中提炼出来的一个概念。一块石头，人们说它没有弹性或者说它弹性很小，因为即使把它打碎，你也很难把它捏得变形。一根橡皮筋，人们说它弹性很大，是因为很容易把它拉长扭曲。看来，弹性反映事物在外力的作用之下的应变能力。应变能力大的，叫作富有弹性，应变能力小的，叫作缺乏弹性。

需求的价格弹性，刻画的是需求量怎样随着价格的变化而变化。这里，价格的变化是原因，需求量的变化是结果。很早我们就讲过，价格越高需求量越小，价格越低需求量越大。现在要讲的就是当价格变化的时候，需求量怎么变化这件事情。

我们把价格 P 的变化记作 ΔP，需求量 Q 的变化记作 ΔQ，考察它们的随动关系。之前我们曾经使用过一个很笼统的引导性的说法，叫作需求量随价格变化的灵敏度或者敏感度。如果价格变化一点点需求量的变化却很大，这种随动关系就非常敏感；反之，如果价格变化引起的需求量变化不是很大，就说随动关系不灵敏。

我们设想用一个叫作弹性的量 e 来表达需求量对于价格变化的敏感度。那么，e 能不能定义为 $\Delta Q/\Delta P$？不能。因为如果这样定义，弹性的大小将依赖于 P 和 Q 的具体单位。哪怕 P 都只用人民币元作为单位，Q 用吨作单位还是用公斤作单位算出来的 e 就会相差一千倍。如果讨论的是石油需求，中国每年进口一亿多吨石油，这是一种说法，另外又说每天进口多少万桶石油，这又是一个说法。那我们应该用吨来计算还是用桶来计算呢？

抵消具体单位影响的办法，是以百分比变化量来代替绝对值变化量。不管价格采用人民币元还是美元、日元作为单位，我们只关心价格的百分比变化。同样，不管具体数量单位是吨还是桶，我们也只关心数量的百分比变化。基于这样的考虑，我们把需求的价格弹性定义为：

$$e=(\Delta Q/Q)/(\Delta P/P)$$

这里，分母 $\Delta P/P$ 不是价格的绝对值变化，而是价格的百分比变化。假

定原来价格 P 是 1000 人民币元，然后现在减价了，变成 980 元钱，那么价格的绝对值变化 ΔP 是 –20，而价格的百分比变化是 –20/1000 =–2%。同样，需求量的变化也用百分比来表达。比方说因为价格变化了 –2%，石油的需求量从原来的 100 万吨，增加到后来的 120 万吨，那么需求量的百分比变化就是 20%。百分比是一个无量纲的数。

定义清楚以后，我们可以给需求的价格弹性做交换外项的简单整理，以方便应用。其中注意，当“差分”变化量 ΔP 和 ΔQ 很小的时候，就变成“微分”变化量 $\mathrm{d}P$ 和 $\mathrm{d}Q$。

$$e=(\Delta Q/Q)/(\Delta P/P)=(P/Q)/(\Delta P/\Delta Q)=(P/Q)/(\mathrm{d}P/\mathrm{d}Q)$$

在第二讲，我们强调需求曲线表达的，是需求量 Q 对于价格 P 的依赖关系，也就是说，Q 是 P 的函数。要是在（Q，P）这个点计算需求的价格弹性 e，那么如果我们形式地把 P 看成是 Q 的函数，那么因为一方面 P/Q 是从原点出发经过（Q，P）这个点的射线的斜率（slope），另一方面从微分学我们知道 $d\,P/d\,Q$ 是需求曲线本身在（Q，P）这个点的（切线的）斜率，于是我们对需求的价格弹性 e，就有如下几何上非常方便的理解：

$$e=(P/Q)/(\mathrm{d}P/\mathrm{d}Q)=Slope\ of\ Ray\ /\ Slope\ of\ Curve$$

这里，“*Ray*”特指从原点出发经过（Q，P）这个点的射线，“*Curve*”指的是所论的曲线，具体来说现在是需求曲线。大家知道，我们把曲线切线的斜率，叫作曲线的斜率。这样，如果用中文表达，就有如下的数量关系：

弹性＝射线的斜率：曲线的斜率

弹性是射线的斜率做分子、曲线的斜率做分母的一个分数。

看图 6–1，现在考虑在需求曲线 D 的点 A 处计算需求的价格弹性。具体到现在，分子是从原点 O 出发经过点 A 的射线的斜率，即下面那个弧形箭头表示的那个角的正切，大概等于 1；分母是曲线在点 A 的切线的斜率，即上面那个弧形箭头表示的那个角的正切，大约等于 –0.9。这样，我们就知道在点 A，需求的价格弹性大约等于 –1.1。需求的价格弹性通常都是负的。这与价格上升则需求量下降的事实吻合，需求量的走向与价格的走向相反。

在默认需求的价格弹性是负的前提下，以后我们说到需求的价格弹性，通常干脆指的是它们的绝对值。正如前面所说，我们会说 –3 的价格弹性，比 –2 的价格弹性大。

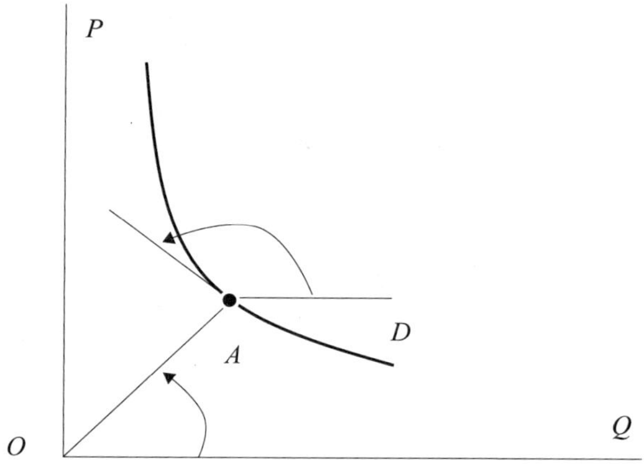

图 6–1　需求的价格弹性

作为练习，现在考虑图 6–2 需求曲线是直线的情形，看看线上 5 个点的价格弹性是多少。因为需求曲线是直线，直线的斜率处处都一样，所以在计算价格弹性的那个分数中，分母是一个固定的值。分子呢？是图中细虚线的斜率，它们各不一样：在最高那个点，射线的斜率无穷大，然后依次下降，直到在最低那个点，射线的斜率等于 0。初中平面几何的知识告诉我们，连接直角顶点和斜边中点的线段，把直角三角形分割成两个等腰三角形。由此我们知道，需求的价格弹性，在直线需求的中点等于 1，越往上越大，最后达到无穷大，越往下越小，最后达到 0。注意我们说的都是绝对值的大小。

这个例子让我们进一步明确，在同一条需求曲线上，位置不用的点，需求的价格弹性是不同的。

如果两条需求曲线交叉，在交叉的位置，陡的需求曲线的价格弹性小。你能够论证这一点吗？陡，就是斜率大。分母大了，整个分数的值就小了。整个论证就这么简单，——如果你清楚价格弹性是前面所说的那个分数的话。

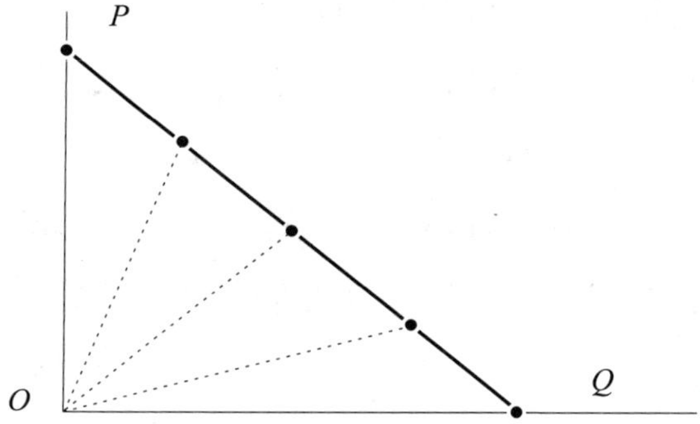

图 6–2　线性需求的价格弹性

供给的价格弹性的定义，除了 Q 相应地应该是供给量以外，其他则完全一样。

需要提醒的是，供给的价格弹性通常是正的，这是因为价格高了，人们就更加愿意拿出来卖、做出来卖。

同样我们还可以定义需求的收入弹性，这只要把价格 P 置换为可支配收入 I 就行了。讲弹性，至少可以讲这样三种。

6–2　弹性需求和刚性需求

从图 6–2 的例子我们知道，在需求曲线的不同地方，有不同的价格弹性。那么，我们应该在哪里计算需求的价格弹性呢？

大家知道，市场是很多人相互作用的结果，最后有个均衡的位置，让需求等于供给。实际经济现象，就发生在这个均衡位置附近。所以，我们总是在市场的均衡位置计算需求的价格弹性。

让我们回到单一商品的某个市场，需求曲线和供给曲线交叉，给出这个市场的均衡。如果在均衡位置，需求的价格弹性（指它的绝对值）显著小于1，我们就说这种商品是**非弹性需求商品**（a good of inelastic demand），或者说是**刚性需求商品**；相反，如果需求的价格弹性显著大于1，这种商品就叫作**弹性需求商品**（a good of elastic demand）。至于大多少或者小多少才算是显著大于或显著小于，这要看具体环境。

同学们还年轻。你们从懂事开始，就基本上生活在市场经济的环境，从而你们经常看到，提供同样商品的一个企业要获得市场成功，想多赚钱，就要把价格降下来，扩大自己的市场份额。这跟计划经济时期人们的感受不一样，那时候是短缺经济，什么都供不应求，把价钱抬高通常可以赚更多，当然如果涨得非常非常之高，使许多人买不起，又会适得其反。

假定我们在概念上把企业从完全竞争到完全垄断这样排列起来，那么靠近完全竞争这一端的竞争企业，赢利的主要方法就是压缩生产和营销成本把价格降下来，而靠近完全垄断这一端的垄断企业，则可以按照利润最大化的原则，实行能够获得最大利润的销售价格。这个价格通常是比较高的，但也不是越高越好。前面说过，如果价格高到很少人愿意买和能够购买的地步，利润也会减少。

垄断企业在做市场营销的时候，究竟是采用降价促销的办法赚钱，还是采用提高价格的办法赚钱，要看所垄断的商品是弹性需求商品还是刚性需求商品。如果垄断的是弹性需求商品，那就不能够靠提价来赚钱。弹性需求商品是什么意思呢，就是你价格上升了百分之一的话，需求量会减少不止百分之一。这样算下来，你赚得反而少了。哪些商品可以通过提价来多赚呢，那就是刚性需求商品。对于刚性需求商品，价格上升了百分之一的话，需求量的减少却不到百分之一，这样就可以赚得更多。做营销的人都知道这个道理。现在的地产广告，经常出现“刚需”这个形容词，比如什么“三重刚需，再莫犹豫”云云。这里的“刚需”，是“刚性需求”的简短说法。我记得所谓“三重刚需”，其一是青山绿水适宜养老，其二是靠近名校“附送学位”，还有第三个好处，我忘记了。反正地产商渲染那三个好处都引发刚性需求。另外一种说法，是渲染“三代人的刚需”。这在概念上是有点偷龙转凤的，但是也说明地产商知道，如果是刚性需求，顾客难以期望价格会降下来。

6-3 弹性与税负

税收（tax），是指政府依据税法强制从消费者或企业身上取得收入的一种方式。税收大体上可以分为所得税和流通税。**所得税**（income tax）是指对消费者和企业的收入征税。**流通税**（tax on transaction）是指对商品的交易征税。按照税费计算方法分类，流通税可以分为从量税和从价税。**从量税**（quantity tax）是指政府固定对单位商品的税额，并按照交易商品的数量进行征税。**从价税**（value tax）是指政府固定对商品交易额的税率，按照交易金额进行征税。例如考虑对自行车交易征税，从价税的意思是按照交易价格的一定的百分比征税，如果税率是10%，那么交易一辆价格是200元的自行车要交20元的税，交易一辆价格是300元的自行车要交30元的税。至于从量税，则是每交易一辆自行车征收多少税款，至少是在一定范围内不管这辆自行车卖多少钱。比方说对于交易一辆价格500元以下的自行车统一征税30元，对于交易一辆价格500元以上的自行车统一征税80元。

补贴或者**销售补贴**（subsidy），相当于负的税收。补贴可分为收入补贴、从量补贴、从价补贴和专项补贴这几种形式。收入补贴指政府直接给予消费者或企业一定额度的货币补贴。从量补贴是指政府固定对单位商品交易的补贴额，并按照交易商品的数量给予销售补贴。从价补贴是指按照交易金额的一定比率给予销售补贴。**专项补贴**（voucher）则是指政府给予消费者一笔钱，这笔钱只能用以购买或者消费指定的某种或者某类商品。企业给雇员的福利也常常采用专项补贴的做法，例如一些单位每年给雇员报销一定数量的“书报费”或者一定数量的旅游费用，等等。

从量税和从价税本质是一致的。下面我们以从量税为代表，分析流通税对市场交易的影响。以下的分析将表明，流通税是对企业开征还是对消费者开征，本质上并没有什么区别，即实现的税收一样，税负在消费者和企业之间的分摊也完全一样。

首先分析像我国那样对企业开征流通税对市场均衡的影响。既然流通税对企业方面征收，那么流通税只对商品的市场供给曲线产生影响，而对市场需求曲线没有影响。因此，我们应该首先把流通税对供给曲线的影响表达出来。

假设如图 6-3 所示，S 是原来的市场供给曲线。现在政府对企业征收流通税，单位商品的税额为 T。此时，如果商品的交易价格为 P，企业实际收

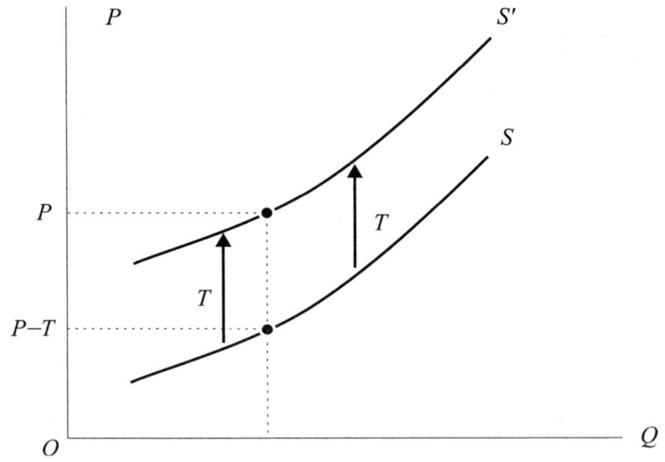

图 6-3　对企业征收流通税

到的价格将为 $P-T$，因此企业对市场的供给量，应该等于征税以前价格为 $P-T$ 时的供给量。

对每个可能的交易价格都做这样的分析，就可以知道，由于政府对企业征收单位商品的税额为 T 的流通税，市场看到的供给曲线会向上平移 T 个单位。

了解流通税对供给曲线的影响之后，我们接着分析流通税对市场交易的影响。如图 6-4 所示，假设 D 和 S 分别是征税前的需求曲线和市场供给曲线，E 是相应的市场均衡：均衡价格为 P，均衡交易数量为 Q。由于没有税收，消费者付出的价格和企业收到的价格都等于均衡价格 P。

现在由于政府对企业征收流通税，市场供给曲线向上平移 T 个单位，市场均衡变为 E'：均衡价格为 P'，均衡交易数量为 Q'。这时候，消费者付出的价格 P_p 等于均衡价格 P'，而企业实际收到的价格 P_r 等于均衡价格减去流通税，即 $P_r=P'-T$。按照图 6-4 的分析，消费者付出的价格有所上升，企业收到的价格有所下降，市场交易数量则有所减少。其中，P_p 的写法来自“price paid by consumers”，P_r 的写法则来自“price received by producers”。在分析税收和销售补贴对交易的影响的时候，区分消费者付出的价格 P_p 和生产者

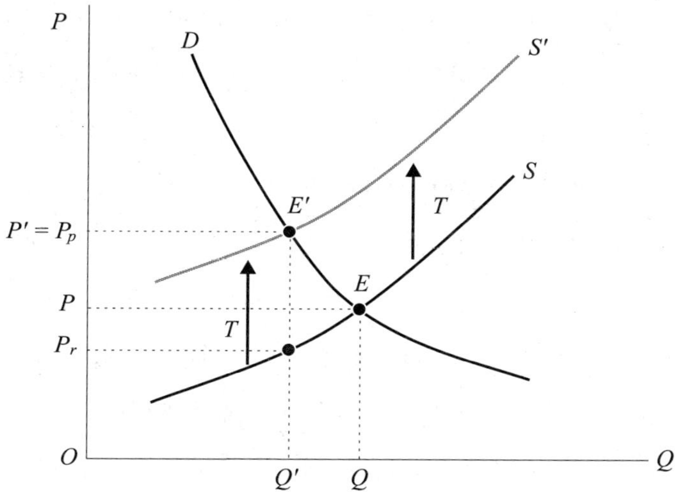

图 6-4　征税条件下的市场均衡

收到的价格 P_r，非常要紧。

从图 6–4 我们看到，向企业征收单位商品税额为 T 的流通税以后，新的市场均衡，在铅垂方向把原来的需求曲线和供给曲线“撑开”了正好 T 那么大的地方，也就是图 6–4 上下相对的两个圆点的距离。这时候，你应该能够忽略图中那条灰色的供给曲线，知道最后结果，就是图 6–4 上下相对把需求曲线和供给曲线“撑开”了正好 T 那么大的两个圆点的位置。

征税以前，市场价格在 P，市场交易量是 Q。消费者付出的价格是 P，企业得到的价格也是 P，二者是一样的。征税以后，交易量衰减到 Q'，消费者付出的价格是 P_p，企业收到的价格是 P_r，二者相差 T，政府因为这个税而得到的财政收入是 Q' 乘 T。

仔细看图 6–4 我们可以体会，因为在均衡位置附近，只就绝对值来说，需求的价格弹性比供给的价格弹性小。请注意，这是导致需求方承担的税负比较大的经济学机理。

现在请大家发挥想象力，看看需求曲线和供给曲线都绕着 E 点转动，税负的分担有什么变化？先想象钉住 E 点，需求曲线和供给曲线都顺时针方向转动一点点吧，那么需求曲线变得更陡，供给曲线变得更平，需求方承担的税负份额变大，供给方承担的税负变小。最后需求曲线转动到接近铅垂的位置，供给曲线转动到近乎水平的位置，那么全部税负就差不多都由需求方承担了。

再把方向反过来，想象从原来的情况出发，需求曲线和供给曲线都向逆时针方向转动一点点，那么需求曲线变得平缓一些了，供给曲线变得陡一些了。当转动到它们一正一负的角度差不多相等的时候，双方的税负也就大体上相等了。接着再转动下去，需求曲线变得比供给曲线平缓了，需求方承担的税负份额就小于供给方承担的税负份额。最后需求曲线转动到接近水平的位置，供给曲线转动到接近铅垂的位置，那么全部税负就差不多都由供给方承担了。

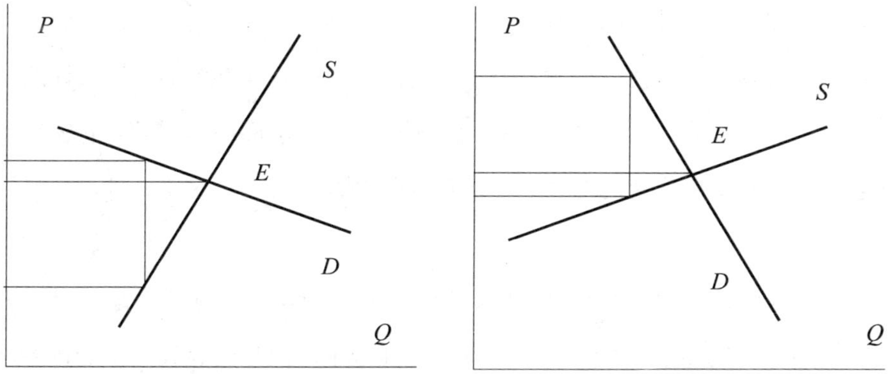

图 6–5　弹性小的一方承担的税负多

如果你对于想象弯曲的需求曲线和弯曲的供给曲线同时转动觉得困难，那么也可以只讨论直线情况的需求曲线和供给曲线同时转动。这就是下面的图 6–5。在图左的均衡位置，需求曲线的弹性大，供给曲线的弹性小，可见供给方分摊的税负重；在图右的均衡位置，却是需求曲线的弹性小，供给曲线的弹性大，所以需求方分摊的税负重。结果当然和曲线情况相同。

总起体说，弹性小的一方，分摊的税负大，弹性几乎等于零的一方，几乎承担全部税负。

【挑战性练习】上述图 6–4 的分析，是在向企业征税情况的分析。如果不是向企业征收流通税，而是向购买方征收流通税，情况会是怎样？这是今天布置给大家的一个富有挑战性的练习。如果你做得对，你就会知道，流通税不论是向销售者征收还是向购买者征收，双方分摊的税负份额，都只由他们弹性的大小来确定。弹性小的一方，承担的税负份额大。

【刚性需求商品就是必需品吗？】刚才休息的时候，有同学问，刚性需求商品，是否就是前面我们说过的必需品？这个问题提得很好。

我们不能说刚性需求商品就是必需品，也不能说必需品就是刚性需求商品。关键在于，一种商品究竟是不是必需品，高度依赖于具体的消费者，是非常个性化的。一种商品究竟是不是必需品，说的是这种商品对于具体的某个人是不是必需品。而一种商品究竟是不是刚性需求商品，看的是它的“市场表现”，看价格变化时对它的需求量变化是否不厉害。这是一种市场统计特性。

举例来说，面对一个嗜烟社区，卷烟可能表现为一种刚性需求商品，因为在这个社区的卷烟市场，需求的价格弹性很小。但是因为我们不能排除这个嗜烟社区里面存在不抽烟的消费者，那么卷烟对于社区里这些不抽烟的消费者来说，就不成为必需品。

总之，一种商品是否为刚性需求商品，由市场来检验；一种商品是否为必需品，却是消费者个人偏好的反映。前者的“动因变量”，是商品的市场价格；后者的“动因变量”，是消费者的可支配收入。

第七讲　边际分析初步

今天我们只有一个内容，就是边际分析初步。这是我们整个课程里面技术难度最高的一讲。以后还有许多新的内容，其中一些的经济学思想还非常深刻，但是就用到的数学来说，都不会比今天的更难。

7–1　总成本、平均成本和边际成本

一个企业产销某种商品的**总成本**（total cost）TC，通常随着产量的增加而上升。这就是说，生产得越多，总成本通常就越高。如果把总成本 TC 随产量 Q 而变化的函数关系写下来，那就是 $TC=C(Q)$。如图 7–1，成本函数的图像，通常是一条 TC 那样从纵轴上某处向右上方伸延的曲线。至于图中的 FC 和 VC，稍后再说。

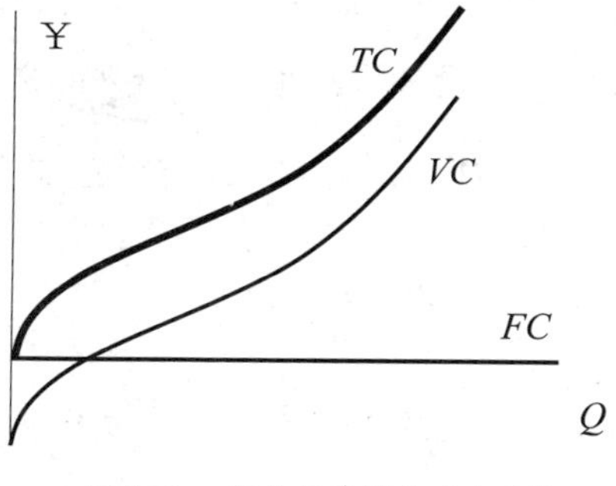

图 7–1　粗的是典型的成本曲线

现代经济分析经常要对付经济变量的总量、平均量和边际量。这些经济变量可以是成本，可以是销售收入，可以是利润，也可以是前面讲到过的效用，等等。什么叫作边际量，等一下再说。

既然成本用 C 表示，那么总成本就是 $TC = C$，**平均成本**（average cost）可以记作 AC，**边际成本**（marginal cost）可以记作 MC。同样，设销售收益用 R 表示，那么总收益就是 $TR = R$，平均收益就是 AR，边际收益就是 MR，余下以此类推。

总成本已如前述就是全部成本，无须另外说明。生产 Q 个商品的总成本是 $C(Q)$，那么这 Q 个产品的平均成本就是

$$AC(Q)=C(Q)/Q$$

边际成本的经济学意义是，当产量达到 Q 时，再生产一个产品所需追加的成本。因为当产量为 Q 时的总成本是 $C(Q)$，而再生产一个产品后，即总共生产了 $Q+1$ 个产品时，总成本是 $C(Q+1)$，于是我们就知道，再生产一个产品所须追加的成本是

$$MC(Q) = C(Q+1) - C(Q)$$

再进一步，设想商品是一小批一小批生产出来的，难以专门说明再生产“一个”产品的追加成本，那么我们自然用再生产一小批产品的平均的追加成本来作为生产的边际成本。设每一小批生产出来的商品的数量是 K，那么当生产了 Q 个商品的时候，为再生产一小批“K 个”商品所追加的成本为

$$C(Q+K) - C(Q)$$

这里的“K 个”，可以是 5 个，或者 7 个，或者 0.1 个，或者是 0.01 个，也可以是 0.004 个，0.0001 个，等等，看怎样计算方便。所以，我们不能把上

述 $C(Q+K)-C(Q)$ 直接拿来充作边际成本，因为它高度依赖 K 的大小。边际成本应该是一个比例的量，是一个微平均的量。合理的做法，是把上述追加成本除以 K。从而，边际成本应该是

$$MC(Q)=[C(Q+K)-C(Q)]/K$$

这里，K 是所认定的再生产一小批产品的数量。

这个 $MC(Q)=[C(Q+K)-C(Q)]/K$ 怎样与最早的 $MC(Q)=C(Q+1)-C(Q)$ 相容呢？那只要在概念上把 K 看作 1 就可以了：

$$MC(Q)=[C(Q+1)-C(Q)]/1$$

学过微分学的同学知道，上述边际成本的定义，是一个所谓“差分”的定义，K 正是 Q 的改变量。什么叫“差分”，以及下面会说到的“微分”？对差分、微分不感兴趣的读者都可以不管，这完全不会影响你们阅读后续的内容。我们之所以要在这里提一下，只不过是为了微观经济学本身的理论完整，同时也给感兴趣的读者若干自己钻研的余地。事实上，即使对于修这门课的同学，掌握一点微分法，也只会给自己带来方便，而那一点点微分法，我们可以“现教包会”。

在数学里面，通常一个量的改变量，总是在这个量的符号前面冠以 Δ（大写希腊字母，念作“德尔塔”）来表示。这样，上述 K 作为 Q 的改变量，应当记为 ΔQ，从而，边际成本的定义可以写作

$$MC(Q)=[C(Q+\Delta Q)-C(Q)]/\Delta Q$$

或者比较简单的

$$MC(Q)=\Delta C(Q)/\Delta Q$$

从这个差分的定义出发，如果产品是无限可分的，我们可以把 Q 的改变量 ΔQ 取得很小很小，从而可以视上式中的差分 ΔQ 为数学中讲的无穷小的量，那么从上述差分的定义式子出发，很自然就得到下述边际成本的微分定义式子

$$MC(Q)=\lim_{\Delta Q\to 0}[C(Q+\Delta Q)-C(Q)]/\Delta Q=C'(Q)$$

或者

$$MC(Q)=\mathrm{d}\,C(Q)/\mathrm{d}\,Q=C'(Q)$$

这里，' 是微商的惯用符号，d 则表示微分。微分学的知识告诉我们，在 Q 的每一点，边际成本 MC 就是总成本 $TC=C(Q)$ 曲线在这一点的斜率。

理论上说，把商品产量 Q 的改变量 ΔQ 看作无穷小量，要依靠商品的“无限可分性”的假定。粗略地说，这就是假定，相对于商品的宏观量而言，商品的单位可以选得很小很小。例如，面粉、砂糖就是基本符合这个假定的商品，为了理解方便，你甚至可以设想取克甚至毫克作为计量单位。这样，再生产一克或一毫克这样的 ΔQ，比起已有的宏观量 Q 来说，把它看作是无穷小量 $\mathrm{d}Q$，大体上也讲得过去。当然，像电视机、汽车、住宅这样的商品，它们本身不是无限可分的，但是当产量很大的时候，一辆汽车比起企业的整个汽车产量来说，还是可以近似地看作是无穷小的量。正是因为一方面，假定产品的无限可分性使我们可以在经济分析中引入微分方法，这将给讨论带来很大的方便；另一方面，当生产规模较大时，产品的无限可分性假设还是具有相当的可信性；所以，在今后的讨论中，我们常常都默认已经假定了产品的无限可分性。与此相应地，如不另外声明，我们都采用边际量的微分定义 $MC(Q)=\mathrm{d}\,C(Q)/\mathrm{d}\,Q=C'(Q)$来展开相关的讨论。

【对哪个量的边际操作？】边际分析把微分方法引进经济学讨论，其中

主要是求导数和求偏导数的操作，即求微商和求偏微商的操作，简称求导和求偏导。为了语言方便，我们把边际分析里面用到的“求导”和“求偏导”，即刚才说明的边际成本之写法 MC 里面的 M 和以后遇到的边际收入之写法 MR 里面的 M，称作“边际操作”。作为引入，上面的边际操作都是对产量 Q 求导或者求偏导，下一讲讲到的 MR 里面的 M，也是对产量 Q 求导或者求偏导。但是，边际操作不必都是对产量 Q 求导或者求偏导。在进行边际分析的时候，务必清楚做的是对哪个量的边际操作。

7–2 总成本、固定成本和可变成本

从图 7–1 我们看到，产量为零的时候，企业的生产成本也不是零。这部分成本通常就是企业的固定成本。大家知道，哪怕一点儿也不生产，企业的地产租金和设备折旧和日常开支（“维持费”），也很可观。

固定成本（fixed cost）简记作 FC。总成本减去固定成本，就是**可变成本**（variable cost），记作 VC。这样，我们就有

$$TC(Q) = FC(Q) + VC(Q)$$

由于边际量是变化的反映，而 FC 不会变化，所以 TC 的变化就是 VC 的变化。这就是说，

$$MFC(Q) = 0$$

$$MVC(Q) = MC(Q)$$

从而我们通常不专门提及 MFC 和 MVC。

但是，将 $TC(Q) = FC(Q) + VC(Q)$ 整个式子除以 Q，即取平均，我们就得到

$$AC(Q) = AFC(Q) + AVC(Q)$$

这里，$AFC(Q) = FC(Q)/Q$，其中 $FC(Q)$ 是一个固定的数值。由此可见，随着产量 Q 的增加，$AFC(Q)$ 越来越小。但是，$AFC(Q)$ 就是 $AVC(Q)$ 和 $AC(Q)$ 的距离，由此可知，随着 Q 的增加，$AVC(Q)$ 越来越接近 $AC(Q)$。

我们在讨论成本曲线的时候，要注意这些关系。按照上面的推导来理解这些关系，没有原则上的困难。但是如果不注意各种量之间的关系，只是“依葫芦画瓢”，却也容易在画图时造成疏忽，带来差错。

7–3 总量、平均量和边际量的关系

现在，我们主要以前一节说的成本 C 为例，说明总量、平均量和边际量之间的关系。这些关系，是边际分析方法的基石。

回到图 7–1，粗实曲线表示某企业生产某产品的产量 Q 和总成本 $TC(Q)$ 之间的关系：$TC(Q) = C(Q)$。这样，当产量为 Q 时，总成本 $C(Q)$ 就是曲线在 Q 处的高度。这时，根据上一节的定义，平均成本 $AC(Q) = C(Q)/Q$，是从原点出发经过点（Q，$C(Q)$）的**射线的斜率**，而边际成本则是曲线在点（Q，$C(Q)$）处的**斜率**，或者说曲线在点（Q，$C(Q)$）处的**切线的斜率**。

上述讨论，不仅适用于成本，也适用于销售收入，适用于企业产出，适用于企业利润，适用于消费满意程度即效用，等等。销售收入是“revenue”，于是总的销售收入记作 $R(Q)$ 或者 $TR(Q)$，平均销售收入记作 $AR(Q)$，边际销售收入记作 $MR(Q)$。效用是“utility”，于是总效用记作 $U(Q)$ 或者 $TU(Q)$，平均效用记作 $AU(Q)$，边际效用记作 $MU(Q)$。为了便于

整个讨论适用于所有这些不同的具体场合，我们把成本量、销售收入量、效用量等，概括地叫作“量”，即 magnitude。这个“量”可以是成本，也可以是销售收入或者企业产出，还可以是效用。所以，下面我们不是专门讨论 *TC*（*Q*）、*AC*（*Q*）和 *MC*（*Q*）的关系，或者 *TR*（*Q*）、*AR*（*Q*）和 *MR*（*Q*）的关系，或者 *TU*（*Q*）、*AU*（*Q*）和 *MU*（*Q*）的关系，而是一般地讨论**总量** *TM*（total magnitude）、**平均量** *AM*（average magnitude）和**边际量** *MM*（marginal magnitude）的关系。

首先，平均量 *AM*（*Q*）是从原点出发经过总量曲线在所论点处的射线的斜率，而边际量 *MM*（*Q*）则是总量曲线在所论点处的斜率，或者说总量曲线在所论点处的切线的斜率。与上一讲讨论需求的价格弹性和供给的价格弹性时一样，我们还是约定采用“**平均量是射线的斜率，边际量是切线的斜率**”的简约说法，它们具有上一段所阐述的内容。这种约定说法有助于我们的思维反应。

因为边际成本是再生产一个产品时须追加的成本，所以：边际成本大于零，总成本就上升；边际成本小于零，总成本就下降。反过来说，总成本上升的地方，边际成本一定大于零；总成本下降的地方，边际成本一定小于零。这样，在总成本的（局部）极值点，边际成本就要等于零。将上面这句话里面的“成本”换成概括性的“量”，整个论述对于效用、销售收入、利润、企业产量等其他经济变量，仍然成立。因此，我们可以把这些论述总结为下面关于边际量与总量的关系的命题。

【命题 7-1】

1. 当且仅当边际量小于零时，总量曲线下降；
2. 当且仅当边际量大于零时，总量曲线上升；
3. 在总量曲线的极值点，边际量等于零。

下面，我们叙述关于平均量和边际量的关系的一个命题。

【命题 7-2】

1. 当且仅当边际量小于平均量时，平均量曲线下降；
2. 当且仅当边际量大于平均量时，平均量曲线上升；
3. 在平均量曲线的（局部）极值点，边际量和平均量相等。

这个命题容易运用微分方法来证明，我们把它留给有兴趣的同学自己尝试。不过，我们也可以采用日常语言打比方，来说明这个命题的道理：设想盆子里有若干个鸡蛋，现在再放一个进去。如果新放进去的鸡蛋比原有那些鸡蛋的平均重量来得轻，那么结果必定是加了这个鸡蛋以后，所有鸡蛋的平均重量下降。反之，如果加了一个鸡蛋使得平均重量下降，我们当然也可以判断新加进来的鸡蛋的重量比原有鸡蛋的平均重量来得轻。新加进来的鸡蛋的重量，就是边际量。这就阐明了命题 7-2 之 1。把上面的“轻”改成“重”，就阐明了命题 7-2 之 2。在平均量的极值点附近，即在平均量的极大点或极小点附近，平均量既不能一直上升，又不能一直下降，所以边际量必须和平均量相等。于是命题 7-2 之 3 也成立。

边际量是因，平均量是果。命题 7-2 之 3 还说明，边际量曲线一定在平均量曲线的局部极值点穿过平均量曲线。

7-4　给定 *TC* 画相应的 *AC*、*AVC* 和 *MC*

这一节，我们演示在知道总成本曲线 *TC* 的条件下，怎样利用上述两个命题，画出相应的 AC、AVC 和 MC。注意按照命题 7–2 之 3，边际成本 MC 曲线总是在平均成本 AC 曲线的最高点或最低点穿过 AC 曲线。因为边际可变成本 MVC 就是边际成本 MC，所以边际成本 MC 曲线同样也在平均可变成本 AVC 的最高点或最低点穿过 AVC 曲线。

首先，我们把图 7–1 的成本曲线重新描成图 7–2 的上图，而在图 7–2 的下图，看看怎样画出相应的 AC，AVC 和 MC 三条曲线。首先我们观察到，总量 TC 曲线是一直上升的，而 MC 是总量曲线 TC 的斜率，所以 MC 一直大于 0。其次，从 TC 曲线的最低点出发沿着 TC 曲线上升的时候，有一个先向右走后向左走的拐点。具体来说，在图 7–2，这个拐点是最左边那条细虚线的顶端。我们知道，曲线向右转的时候，斜率是下降的，越来越小，曲线向左转的时候，斜率是上升的，越来越大。这样，从这个拐点对下来的地方，应该是 MC 曲线的最低点。

AC 曲线怎么样？这要看从原点出发经过 TC 曲线上相应的点的射线，具体来说是射线的斜率。这里需要大家发挥几何想象力了。当 $Q = 0$ 的时候，这条射线是铅垂向上的，所以这个时候 AC 等于无穷大。随后，让所论的点沿着 TC 曲线向上走，射线斜率有一个先下降后上升的过程，射线斜率从无穷大的地方一路下降，下降到开始上升的地方，也是一个拐点，就是图上最右边的那条细虚线的顶端。这样，AC 曲线最低点的位置也就确定了。按照命题 7–2，边际成本 MC 曲线总是在平均成本 AC 曲线的最高点或最低点穿过 AC 曲线。于是，MC 曲线和 AC 曲线的相互关系也就大体上明确了。从总成本曲线 TC 的走向我们知道，曲线一开始的时候，斜率是大于 0 的，但不是无穷大。所以，MC 曲线从纵轴上一个适当的地方出发，下降到 TC 曲线拐点的位置，然后开始上升，从 AC 曲线的最低点穿过 AC，继续上升。

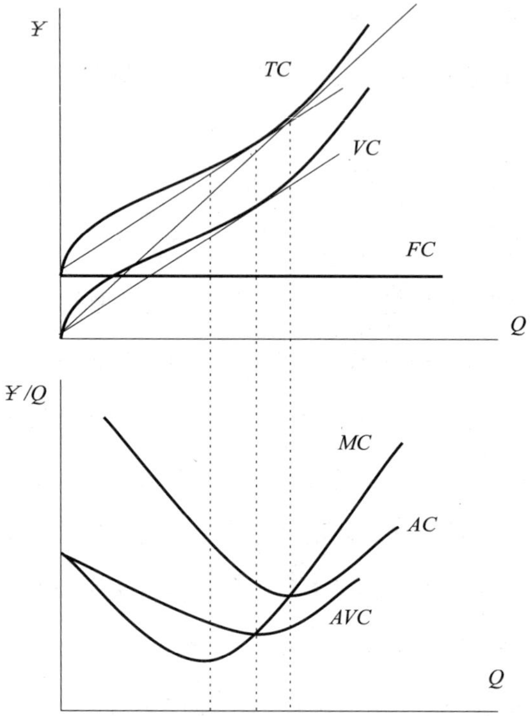

图 7–2 给定 TC 画相应的 AC、AVC 和 MC

图中中间那条细虚线，是所论的点沿着 VC 曲线向上走的时候射线斜率最小的位置，这时候射线斜率也正好等于 VC 曲线本身的斜率，后者又等于 TC 曲线的斜率。这样，我们就知道 MC 曲线就是在这个位置穿过 AVC 曲线的最低点。最后要注意的是，MC 先在 AVC 的最低点穿越 AVC，然后在 AC 的最低点穿越 AC。这一关系，也不能弄错。

图 7–2 那样的 MC、AC 关系，具有很大的普遍性。其经济学含义，是当产量很小的时候，生产是很不经济的，为生产每一件产品而追加的边际成本相当高。随着生产规模的扩大，逐渐达到“规模经济”的境界，边际成本就变得最低。那么，为什么 MC 过了最低点后又上升呢？首先，这是企业规模制约的结果。每个企业都是按照一定的预期生产规模设计的。达不到这个生

产规模，当然生产就很不经济。但是如果超过预期规模很多，生产也不经济，边际成本也要上去。不过，*MC*之所以最后要上升，归根结底是资源稀缺性在约束。比方说，如果全世界都热衷于生产某一种商品，那么有关原料的价格就一定上升。种种类似的原因，使得 *MC* 曲线通常最后还是上升。

在结束这一节的时候，我们还想指出，我们一般只限于讨论 *MC* 曲线先下降后上升的"单峰函数"的情形。其实现在也可以说是"单谷函数"：先降后升，形成一个山谷。我们不讨论 *MC* 波浪起伏形成好几个山峰好几个山谷的情形。这不仅是因为单谷的情形简单，更主要的是因为单谷情形已经概括了最主要的实际经济现象。我们不想舍本逐末，把理论展开得过分细致，以至于冲淡对基本思路的注意力。

【游戏性质的曲线练习】命题讲了，例子也做了，下面请大家做一些画曲线的练习，以进一步消化两个命题。

现在我在平面上随便画一条波浪线，并且假定这条线是平均量 *AM* 曲线。请大家考虑画一条可能的与之相配的边际量 *MM* 曲线。什么叫作可能的与之相配的边际量 *MM* 曲线呢，就是说你画出来的这条 *MM* 曲线与我给定的 *AM* 曲线的关系，要符合本讲的两个命题，现在主要是看是否符合第二个命题。

五分钟以后，欢迎同学上来在黑板上画给大家看，让大家评头品足。答案肯定不是唯一的，但是你画得对不对，至少要经得起命题 7–2 的检验。如果觉得一位同学画错了，要明确说明这位同学错在哪里。

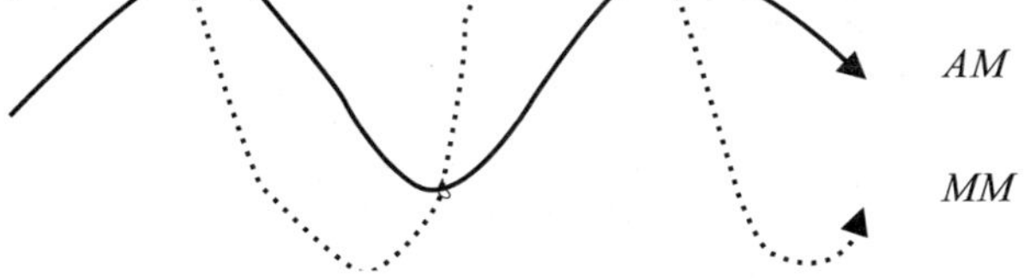

图 7–3　给定 *AM* 画 *MM* 的练习

图 7–3 是一位同学的尝试，其中实线代表我画给你们的平均量 *AM* 曲线，虚线是同学自己画的边际量 *MM* 曲线。这个同学做得对，符合命题 2 的要求：平均量曲线上升的时候，边际量曲线要高于平均量曲线；平均量曲线下降的时候，边际量曲线要低于平均量曲线；而且，边际量曲线总是在平均量曲线的局部最高点或者局部最低点穿过平均量曲线。

许多同学都画得不错，说明你们领会得不错，颇有想象力。尤其难得的是，多数同学都能够把整条边际量曲线画出来，而不是只画一小段。

大家都会骑自行车，你骑自行车经过一摊水以后，轮子留在路面上的水迹就有点图 7–3 的风格。你看那个自行车，前轮和后轮走出来的轨迹是不一样的。前轮走出来的是平均量曲线还是边际量曲线？注意是前轮引导后轮，所以前轮走出来的，应该是边际量曲线，而后轮跟出来的，是平均量曲线。不过，骑自行车这个“实验”走出来的轨迹，不完全是图 7–3 那个样子，这是因为前轮和后轮之间有个错位距离。如果你能够把这个距离去掉，也就是说，你把表示前轮轨迹的 *MM* 曲线向左移动前后轴轴距那样的距离，那么前轮后轮走出来的轨迹，就与图 7–3 吻合了。

【超水平发挥】有同学画出来的 *MM* 曲线如图 7–4，当时我说他也画得对，因为他画的符合命题 2 的要求。但是在刚才休息的时候，有位同学向我指出，既然他把 *AM* 曲线和 *MM* 曲线画得都从纵轴出发，那么两条曲线必须从纵轴上的同一个点出发。

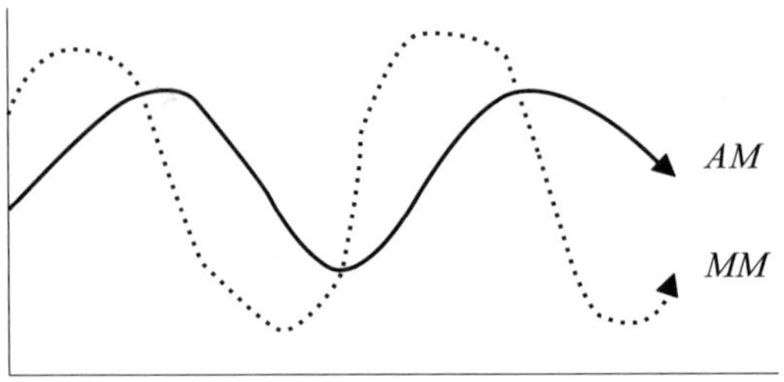

图 7–4　有缺点的曲线关系

这位同学说得对。他能够断言，如果 AM 曲线和 MM 曲线都从纵轴出发，那么两条曲线必须从纵轴上的同一个点出发，非常了不起。道理是这样的：AM 曲线从纵轴出发，说明总量曲线 TM 一定从原点出发，即 $Q=0$ 时 TM 必须为 0，否则与图 7-2 同样道理，当 $Q=0$ 时 AM 应该是无穷大。运用微分学的技术，可以证明在总量曲线 TM 从原点出发的情况下，$Q=0$ 的时候必须有 $MM=AM$ 成立。这个证明对于你们来说，应该是非常难的，远远超出了课程对你们的要求。想不到在座有数学基础那么好并且善于运用微分学技巧来分析经济学问题的同学。

接着下来我们需要思考一个新的问题：给定的平均量曲线在开始阶段是上升的。现在 AM 曲线和 MM 曲线都从纵轴上的同一点出发，那就是说在开始的时候它们位于同一高度。命题 7-2 说，MM 在 AM 的上面，才能引导 AM 上升。那么，现在从同一点出发，怎样才能实现这一引导呢？

具体的做法如图 7-5，作者是那位指出问题的同学。这是原作，大家看懂他的意思就可以了，我们也不再加工。关键的两点是：首先，MM 和 AM 从纵轴上同一点出发；进一步，MM 和 AM 从纵轴上同一点最初以相同的斜率上升，然后 MM 上升得比 AM 来得快。

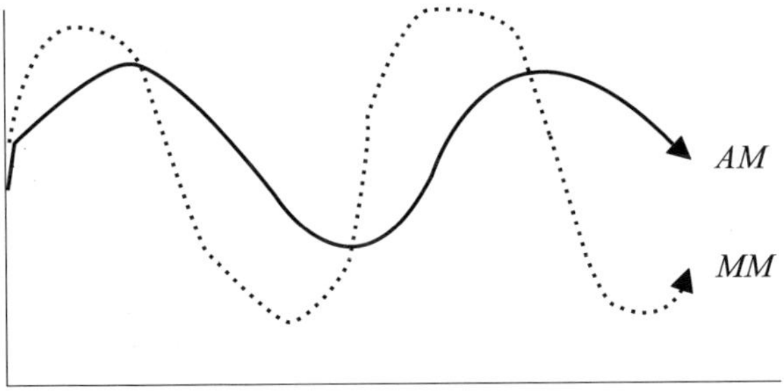

图 7-5　同一点出发的向上引导

开始的时候从同一点以相同的斜率上升，后来怎么可能一条比另外一条上升得快呢？这只要回忆你们在中学都画过的抛物线 $y=x^2$，就可以明白其中的道理。在原点，这条抛物线与坐标系的横轴的斜率都是 0，但当它们一起从原点出发右行，开始的瞬间两条曲线的上升速度即斜率一样，都是 0，不过很快，抛物线就上升到横轴上面去了。

【课后作业】今天课后，请大家自己做“反过来”的练习。就是把图 7–3、7–4、7–5 给定的那条实线，叫作边际量 *MM* 曲线，然后你们在图上配上相应的 *AM* 曲线。

第八讲　择优配置原理和最优产量决策

今天的课程主要有两个内容。一个内容是我们要推导一下择优配置原理，它是消费者最优决策的主要方程。经济学的理论结果，绝大多数采取数学形式表达出来，事实上也都是用数学方法做出来的。这种方程的推导对于你们多数同学来讲，有点困难。我之所以要在这里讲一讲，是因为不讲的话，这门课程的基本方法就不完整了。你们听过这些推导，掌握多少算多少。对于你们来说，重要的是理解这些方程和使用这些方程。

第二个内容，先是讲讲与成本有关的若干进一步的概念：会计成本、内隐成本与经济成本，以及沉没成本，然后在这个基础上，导出竞争企业最优产量决策方程，介绍关于竞争行业的很有告诫意义的"零利润定理"。

8-1　无差异曲线作为效用等高线的投影

我们用图 8-1，讨论二商品情况下消费者的最优消费选择。经济学习惯用同一个字母既表示一种商品，也表示这种商品的量，生产量、消费量，等等。在二商品情况下，一种商品记作 X，其量也用 X 来表示，另外一种商品记作 Y，其量也用 Y 来表示。消费者从消费这两种商品里得到满足，提升其效用，即消费满意程度。这个效用通常记作 U。这张图是立体的图。

如果你只消费一种商品 X，这个图就简单了。因为效用 U 和 X 的关系，是 $U=f(X)$，你在平面上就可以把 $U=f(X)$ 画出来。假设不消费商品 X 时你的消费满意程度是 0，那么一般来说消费商品 X 时满意程度就会上升。上升的速度会逐渐减慢，这就是所谓边际效用递减律。这些都是我们熟悉的东西。

但现在是消费两种商品来获得效用，获得消费满意程度。这里有三个变量。这三个变量就是图 8–1 上的 X、Y 和 U，它们的关系是 $U=F(X, Y)$。我们可以想象 X 和 Y 是画在平面上的，而 U 指向空中。

从原点出发向右上方伸延的那条曲线，显示单独消费第一种商品 X 时的效用走向，消费了一点，满意程度提升了一点，再消费一点，满意程度再提高了一点，但是提高的速度在下降。同样，从原点出发向左上方伸延的那条曲线，显示单独消费第二种商品 Y 时的效用走向。

现在大家考虑一下，当第二种商品消费到一定量时，又开始消费第一种商品，那么，怎样表示这个消费过程呢？这就要从 OY 轴上相应的点出发，在底面上画一条与 OX 轴平行的直线过去。再进一步，怎样表示这个消费过程带来的效用提高呢？那就要从 OY 轴上相应的点出发，向上画直线到单纯消费 Y 时满意程度提高的那条曲线，然后再沿着图中的效用曲面向右上方走。请大家自己把这一段话所说的练习做完，就画在图上。这既是空间想象力的训练，更是经济学方法的训练。

效用曲面的高度，即图上的 U，就是消费满意程度。如果你们在中学上过自然地理课，那么你们知道地图上用等高线来表示地面的高度。同样，图 8–1 效用曲面上的等高线，表示相应的消费带来相同的消费满意程度。图 8–1 在效用曲面上画了一条等高线。把这条等高线投影到 X–O–Y 平面上，就是我们早已熟悉的无差异曲线。

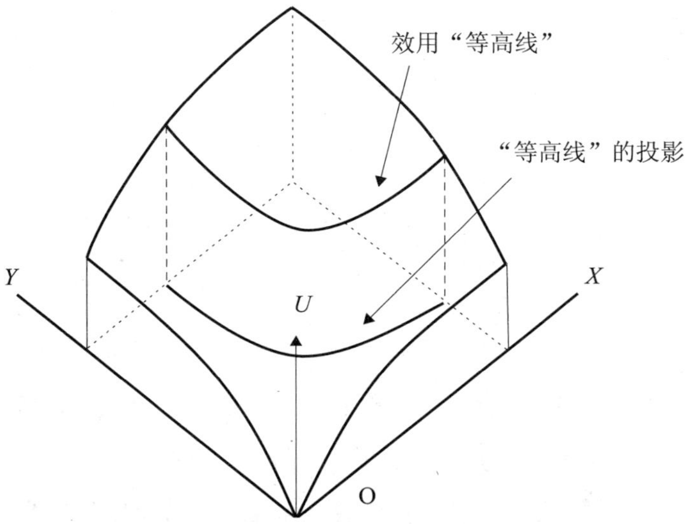

图 8-1　无差异曲线作为效用等高线的投影

大家可以想象买一个面包或者土豆回来切切看。铅垂地向 OX 轴切下去，又向 OY 轴切下去，然后在 U 的一定高度水平地这么一切，切出来的结果，就是图 8-1 效用曲面上那条效用等高线，这条效用等高线投影到 $X\text{–}O\text{–}Y$ 平面上，就是前面所学的无差异曲线。

今天课后，请大家自己把图 8-1 画一次。能够把这张图正确地画下来，你对无差异曲线的把握就比较好了。虽然是让你们看过以后才让你们画，但就像我以前说过的，经济学的曲线是不能“依葫芦画瓢”的。如果你还是不懂，哪怕让你看着来“写生”，多半你也会画错。

【花絮】第一个把效用曲面上的效用等高线投影到 $X\text{–}O\text{–}Y$ 平面成为无差异曲线的人，是英国经济学家阿尔弗累德 · 马歇尔（Alfred Marshall，1842~1924）。马歇尔是剑桥大学的数学博士，他用数学方法研究经济学问题。但是当他发表论文的时候，会把这些数学全部隐蔽掉，切换成“日常语言”的论证和描述，因为在当时，数学方法出现在经济学论文里，会把别的经济学家吓跑。具体例子，就像上一次我用盆子里的鸡蛋给大家讲述边际量的意义那样。实际上，用盆子里的鸡蛋来说明边际量，也是马歇尔他们的苦心创造，则柯不敢掠美。

8–2　二商品情形最优消费决策

关于消费者的最优消费决策，最重要的就是所谓“择优配置原理”这个方程。现在我们推导这个方程，这是超出课程基本要求的内容。

我们准备几何地进行讨论，因为这样做比较容易接受。如图 8–2，首先有一条该消费者的预算线，然后他面对铺满平面的许多无差异曲线。这时候，因为我们默认常态的无差异曲线，所以理论上他就要找到那条与预算线相切的无差异曲线，在切点的地方消费就是最好的消费。这个地方为什么最好呢？因为预算线上面的点，都是可以实现的消费，而除了相切的那个点以外，经过其他点的无差异曲线的消费满意程度都比它低。

推导择优配置原理，就是要把这个相切关系表达出来。相切的必要条件，是斜率相等。我们知道预算线的斜率是 $\mathrm{d}Y/\mathrm{d}X=-P_X/P_Y$。现在我们来算一下无差异曲线的斜率是多少。

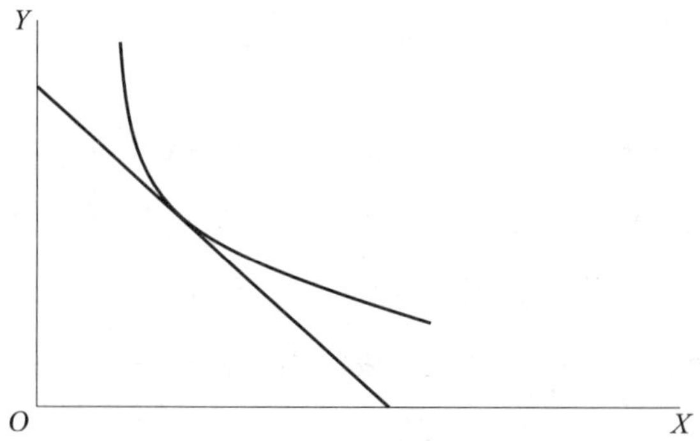

图 8–2　二商品情形最优消费决策

无差异曲线的斜率，在不同的地方是不一样的。例如图 8-2 那条与预算线相切的无差异曲线，上面那段的斜率很大、很陡，下面那段的斜率比较小，比较平。

为了推导无差异曲线的斜率，首先考虑怎样用数学式子表达无差异曲线。因为二商品情况下消费者的效用即消费满意程度是 $U=F(X, Y)$，而无差异曲线的特征是消费满意程度相等，所以无差异曲线的方程，就可以表示为 $F(X, Y)=C$，这里 C 是英文“constant”（常数）的头一个字母。效用等于同一个常数，那不就是消费满意程度无差异吗?

经济学和数学一样，以 d 表示（微）变化量。于是，效用 U 的微分是 dU。问题是现在 $U=F(X, Y)$ 有两个变量。

如果是一个变量的情况，即 $U=f(X)$，那么从一元函数微分学我们知道，$dU=f'(X)dX$，其几何意义是：一元函数在某点 X 的**微分**（differential），等于它在这点的**导数**（derivative）乘以自变量的微分。经济学家一般不用 $f'(X)$ 的写法，而是写成 MU，即“marginal utility”，就是边际效用。合起来，我们有 $dU=f'(X)dX=MUdX$

现在是二商品模型的两个自变量的情形，$U=F(X, Y)$。现在不是 U 对一个 X 的导数，而是 U 对一个 X 的**偏导数**（partial derivative）加上 U 对一个 Y 的偏导数，而多元函数微分学告诉我们，二元函数在某点 (X, Y) 的**全微分**（total differential），等于它在这点对 X 的偏导数 $\partial U/\partial X$ 乘以 X 的微分加上对 Y 的偏导数 $\partial U/\partial Y$ 乘以 Y 的微分。经济学家把这两个偏导数分别记作 MU_X 和 MU_Y，从而得到 $dU=MU_X dX+MU_Y dY$。

联系到二商品情形效用曲面的图 8-1，两个自变量分别为 X 和 Y。现在设想从效用曲面上对应于 (X, Y) 的点出发，X 变化 dX 这么多，Y 变化 dY 这么多，合起来看看曲面高了多少。还是以切线代替曲线，以切面代替曲面，那么因为 X 变化了 dX 那么多，曲面因此高了 $MU_X dX$ 这么多，因为 Y 变化

dY那么多，曲面因此高了 $MU_Y dY$ 这么多，合起来，按照中学学过的“平行四边形法则”，曲面总共上升了$dU = MU_X dX + MU_Y dY$那么多。

现在我们考虑沿着效用曲面的等高线走，那么不管你 X 方向走了多少，Y 方向走了多少，既然还在同一条等高线上，那么高度 U 是一样的，没有变化，所以 dU 就等于 0。于是我们得到 $dU=MU_X dX+MU_Y dY=0$。整理一下，得到 $MU_X dX=-MU_Y dY$，从而解出 $dY/dY=-MU_X/MU_Y$。这就是无差异曲线的斜率。

所谓相切，是无差异曲线与预算线相切，其必要条件是无差异曲线的斜率与预算线的斜率相等。这样，我们就有 $-P_X/P_Y=dY/dX=-MU_X/MU_Y$。经过整理，最终得到

$$MU_X / P_X = MU_Y / P_Y$$

微观经济学可以分为消费者理论和生产者理论两大部分，基本方法大体上是一样的。消费者理论里面最重要的公式，就是上面这个方程，常常被称为择优配置原理。

8-3 择优配置原理的理解和应用

本课程要求大家理解择优配置原理，懂得简单的应用。消费者理论当中的边际效用是什么意思，就是再消费一个商品给你带来的效用增加量是多少。MU_X 是再消费一个商品 X 给你带来的效用增加量，MU_Y 是再消费一个商品 Y 给你带来的效用增加量。假定你口袋里还有钱，最后这些钱怎么花，才能使得自己满意程度达到最高呢？

因为是二商品模型，最后还是在 X 和 Y 这两种商品之间花钱。那最后那

点钱花到哪里去好呢？你花钱干什么？就是要让自己的消费满意程度提高，就是让 U 提高。最后那些钱花到哪里去，那你要看花到第一种商品上能够带给你的提高是多少，花到第二种商品上能够带给你的提高是多少。比方说很简单一个事情，就是吃饼喝水那样。假定你还有一点钱，假如你还没有吃饱，你可以买东西来吃饱。假如你是一个很渴的人，你吃不下去还觉得渴，那你最后一点钱就花在水上面。如果你不渴，可是觉得饿，你最后的钱就花在比萨饼上比较好。

但是又有一个问题，因为两样东西的价钱不一样，比方说水就是普通的蒸馏水，比较便宜，也许一块多钱就能买一瓶，比萨饼就比较贵，一块就要几元钱。所以，我们不能单纯比较我再消费一块比萨饼好还是再消费一瓶水好，不能够单纯比较这两样东西给你带来的效用提高，还要看再消费一块比萨饼你要花多少钱，再消费一瓶水你要花多少钱。总之我们就不能单纯比较 MU_X 大还是 MU_Y 大，而是要先用它们的价格来除一下，再做比较。假定商品 Y 的价格是 7 元钱，再消费一个 Y 给你带来的满意程度的提高是 3，商品 X 的价格是 2 元钱，再消费一个 X 能给你带来的满意程度提高是 1，那么虽然 3 大于 1，我们要比较的却应该是 3/7 和 1/2。这时候你看，最后的钱要花在哪里？应该花在商品 X 上。

这种思维，实际上也是大家平常说“性价比”的思维。不是直接比较 MU_X 和 MU_Y，而是比较 MU_X/P_X 和 MU_Y/P_Y，看看最后那些钱花在哪种商品上，带给你的效用增量更高。二商品情形消费者的最优消费选择，必须满足 $MU_X/P_X=MU_Y/P_Y$ 的条件。这就是择优配置原理。

消费者的经济决策问题，都出现在边际效用下降的阶段。何况世界上绝大部分你消费的商品，都呈现边际效用下降。你去想一样你很喜欢的商品，然后发挥你的想象力，就这种商品，你要在一天之内尽量多地消费掉它，最终会不会出现太多了以至于你“吃不了兜着走”的情况？当然你现在不会。

假定我们就是在想象中做思维实验，就是要你一天之内消费很多 X，那一定会走到边际效用下降的阶段。所以我们着重考虑在边际效用下降的时候，怎样应用择优配置原理这个公式，花好最后那些钱。在后面的时候和在开始的时候是不一样的。到最后一定要花到公式 $MU_X/P_X=MU_Y/P_Y$ 两边相等，两边相等时候的消费，才是最优的消费，是效用最高的消费。

道理是这样的：假定择优配置原理的方程 $MU_X/P_X=MU_Y/P_Y$ 还不成立，就是两边不相等，例如说现在是 $MU_X/P_X > MU_Y/P_Y$，这就说明这时候消费 X 的"性价比"比较高，那你剩下的钱就要花在商品 X 上，因为同样那么多钱花在商品 X 给你带来的消费满意程度提高比花在 Y 上多。比方说我随便讲一个数，现在是 $MU_X/P_X=3 > MU_Y/P_Y=2$，那你剩下的钱要花到 X 上，使得左边下降，变成 2.8，2.7，努力使两边相等。只要不是相等的，你这个消费方案就肯定不是最优的。

也许有这样的情况，你把最后那些钱都花在商品 X 上，让 X 的"性价比"降下来，可是钱花完了，才降到 2.5，降不到 2。那是怎么回事呢？是你觉悟得太迟了：原来很早你就消费了太多 Y 了，让 Y 的"性价比"早早变成了 2，已经来不及补救。要是你能够退回去的话，在 Y 的"性价比"变成 2.4，2.5 以前就觉悟，你是可以实现效用最大化的消费的。可惜，你已经退不回去了。

以后在应用择优配置原理的时候，我们约定就把 MU_X/P_X 和 MU_Y/P_Y 叫作消费商品 X 的"性价比"和消费商品 Y 的"性价比"。注意这两个"性价比"，都不是平常人们考虑买东西时所说的性价比，因为它们会随着消费量的变化而变化。所以我们还约定坚持带引号使用这个"性价比"。

合起来，消费者最优消费决策的基本方程，是

$$\begin{cases} MU_X/P_X = MU_Y/P_Y \\ P_X X + P_Y Y = I \end{cases}$$

这样一个联立方程组，上面一个方程说的是择优配置，是经济选择的核心，下面一个方程则比较简单，说的只是预算约束。

本课程有两个本身非常重要但是技术难度也比较大的核心内容，一个是以上述消费者最优消费决策的基本方程为代表的择优配置原理，另外一个是下一讲归纳的税负分摊讨论。

【考题 2–1】假设在 X 和 Y 两种商品的二商品模型中，张大年的效用函数是$U=1989X^aY^b+2012$，他的可支配收入为$I=ab(a+b)$，而两种商品的市场价格是 $P_X=a$ 和 $P_Y=b$。请计算他应该消费多少商品 X。

【提示】如果你们的微分学知识不够，首先一个困难是计算 MU_X 和 MU_Y。为此我们提示如下。

经济学上的边际量，就是数学上的导数（一元函数情形）和偏导数（二元函数多元函数情形）。从$U=1989X^aY^b+2012$我们知道，效用函数由相加的两项组成。对相加的两项求边际量，等于分别求两项的边际量，然后再把它们加起来。现在，两项之中有一项是常数 2012，而常数的边际量总是等于 0。所以上述效用函数的边际量，就变成只是$1989X^aY^b$的边际量。

说到边际量，要非常清醒的是对谁求边际量。微分学告诉我们，1989、X^a 和 Y^b 这样三项相乘的 $1989X^aY^b$ 对 X 求边际量，不受 X 的影响的前后两项都可以保持不动，而指数函数 X^a 对 X 的边际量，等于 aX^{a-1}，合起来，我们得到 $MU_X=1989aX^{a-1}Y^b$。同样，$1989X^aY^b$ 对 Y 求边际量，不受 Y 的影响的前面两项都可以保持不动，这样我们又得到 $MU_Y=1989bX^aY^{b-1}$。

剩下的数学运算就简单了，你们没有问题。

限于课时，我们这个课程不会详细展开生产者理论。但我可以对比地说说在两个投入品一个产出品的情况下生产者理论的择优配置原理，那就是$mp_a / w_a = mp_b / w_b$，传统上用小写字母，其中 a 和 b 是两个投入品，也表示两个投入品的投入量，mp 表示是**边际产出**（marginal product）。于是 mp_a 是投入品 a 带来的边际产出，mp_b 是投入品 b 带来的边际产出。因为劳动是重要的投入品，而劳动的价格是工资（率）w，所以投入品的价格传统上用字母 w 而不是 p 表示，于是 w_a 是投入品 a 的价格，w_b 是投入品 b 的价格。合起来，生产者理论的择优配置原理$mp_a / w_a = mp_b / w_b$说的是，在两种投入一种产出的情形，只有两种投入的投入产出"性价比"相等的时候，才可能是最优的生产配置。

前面说了，我们只要求大家对比地理解生产者理论的择优配置原理，知道只要两种投入的投入产出"性价比"不相等，就不是最优的投入配置。回去之后，可以仿照前面 3、2、2.8、2.7……那样做思维练习，把它想清楚。注意：与消费者理论中的边际效用递减律相当，生产者理论中则有边际产出递减律。

【归纳】经济学在 20 世纪，经历了两场革命。第一场革命叫作边际分析革命，主要是马歇尔他们完成的，就是把微分方法引入到经济学里面来，极大地推进了经济学的研究。从此，原来很枯燥乏味的经济学就变得很有吸引力。限于专业情况不同，对你们的数学要求不能太高，我之所以介绍一下推导，只是为了保持理论脉络完整。对你们的要求，是理解和应用择优配置原理。

关于经济学的边际革命，最核心的概念就是上一讲讲的边际效用、边际成本、边际收益、边际产出，等等。边际效用就是你再消费一件商品给你带来的效用提高，边际成本就是再生产一件商品你要追加多少成本，边际收益就是再向市场供应一件商品给你带来的收益，边际产出就是再投入一单位投入品能够带来的产出增量。

【提醒】网上流传一个出自一些学历很高的经济学者的说法，说中国什么人在 1980 年前后，“提出”了择优配置原理，“改写”了整部微观经济学。实际情况完全不是这样。

择优配置原理是一百年前以马歇尔为代表的经济学边际分析革命的主要成果，在六十多年前，就已经被萨缪尔森清楚地写进他划时代的《经济学》教科书里。哪里轮得到后人在 1980 年前后才把它提出来呢。

中国经济学界有一些类似这样的无端夸大中国学者对现代经济学的贡献的说法。实际上，我们对经济学理论的贡献，可怜得很。

8–4　内隐成本和经济利润

下面我们进入今天第二个主要内容，就是再说成本。我们已经花了很多时间讲消费者理论，成本则属于生产者理论。企业的利润，习惯上用希腊字母 π 来表示，π 等于什么呢？等于企业的销售收入减去成本。简单来讲，就是 $\pi=R-C$。

在这三样东西里面，销售收入 R 是最清楚的。销售收入就是说你卖了多少产品收回了多少钱，不存在任何概念困难。而成本，就比较复杂了。首先成本不容易考量清楚，这主要是因为会计成本和经济成本有很大的差别。本来会计成本加上内隐成本，才是经济成本，可是人们有可能不觉察内隐成本。销售收入则非常简单，因为会计收入就是经济收入，理论上销售收入里面没有什么内隐收入。

让我们举一个例子吧，一个想象的例子。假定在一个城市，比方说广州，很繁华的地方，比方说广州的北京路。如果在那附近开小店买馄饨，竞争会很激烈。由于竞争激烈，一些馄饨小店倒闭了，但是最后有一家活了下来。这一家为什么能够活下来？原来店面就是他们的祖屋，他们世世代代就住在这里。他们是搬到楼上去住了，把一层空出来开店。另外，他们是一个家庭小商店，比方说父母亲是老板兼经理，会计伙计跑堂是兄弟姐妹。结果别人都倒闭了，他们辛苦一年下来，发觉赚了二十多万元。他们非常高兴，觉得生意成功。

可是仔细想想，问题就来了。别人在这里是租铺开店，租金非常高，尤其是在这个繁华地段。另外，别人来这里开店，要雇用经理，雇用会计，雇用工人。而他们呢，既不必租铺，又不必雇人，一年辛苦下来，账面上才盈余二十多万元，实在没有什么值得高兴的理由。

其实，这家小店是在做亏本生意。为什么是亏本生意？因为有些很重要的成本他们没有计算进去。这些容易被不懂经济的人忽视的成本，有一个统一的名称，叫作**内隐成本**（hidden cost）。

在这个家庭馄饨小店的例子里，哪些是内隐成本呢？首先是租金。人家开店，租金的成本，一年至少多少万。可他们的店面，是他们自家的房产。你可能会说，自家的房产自家用，的确不必付租啊。那你不妨反过来想想，假定这一家人什么也不干，只把楼下一层空出来租给别人，每年不是也能够到手多少万元钱吗？

其次，他们自己包了经理、会计和工人的工作。如果不是自己做，而是请人做，小店经理哪怕工资不是很高，每月几千总是要的吧。会计也要付薪，小工也要付薪，经理会计小工合起来，每月怎么也要付薪一两万元吧。你也许会说，自己为自己辛苦，不必计酬。那我还是劝你反过来想想，如果不是自家开店，而是一家子人分别受聘给张家当经理，给李家当会计，给王家当小工，合起来全家每月不也要挣个一两万元吗？不能因为自己给自己做，自己的劳动就不创造价值。

这么算算，光是忽视了的祖屋铺租和一家子人劳动的辛苦费，每月就二万多元，全年就是二十多万。加上其他可能的内隐成本，做的的的确确是亏本生意。

因为给自己打工，你不给自己算劳动报酬。因为用自己的房子，你想不起租金。这些都是实实在在的成本，是内隐成本。内隐成本是可以在市场上实现的成本，这只要设想房子租给别人、设想出去给别人做经理当会计做小工，概念就清楚了。

归纳起来，我们有：

经济成本＝会计成本＋内隐成本

从而

经济利润＝销售收入－（会计成本＋内隐成本）

原来，

会计利润＝销售收入－会计成本

我们得到：

经济利润＝会计利润－内隐成本

家庭商店最容易忽略内隐成本。另外一种典型的情况，就是自产自销的蔬果摊贩。比方说去菜市场买玉米。如果顾客盯着一位菜农说："哎呀，反正是你自己种出来的，便宜一点啦。便宜一点只不过少赚一点罢了。"因为是菜农自己种出来的，就要求菜农便宜卖，这就是利用菜农不懂得内隐成本来欺负他。

回到这一节的标题，总之是不要忘记内隐成本。销售收入减去会计成本，只是会计利润，不是企业的真实利润。会计利润再减去内隐成本，才是有意义的经济利润。

8–5 沉没成本

上次说过总成本等于固定成本加上可变成本。固定成本的载体，就是土地厂房设备这一类东西。可变成本则与企业收到的订单有很大的关系。订单来得多了，你临时的投入就要多。在没有订单的情况下，企业的可变成本可以认为是0。

生产者理论讨论投入和产出，产出品理应是拿到市场上去出售的商品，投入品则习惯地被称作**要素**（factors），包括土地、厂房、设备、劳动、原材料，等等。比较深入的微观经济学，会分**短期**（in short run）和**长期**（in long run）两种情形来展开生产者理论的讨论，以短期情形的讨论为基础。所谓短期情形，就是有些要素来不及变现的情形，所谓长期情形，就是所有要素原则上都可以变现的情形。例如订单少了，电力这种要素的投入就会减少，电力投入的减少，就可以认为是（原来设想投入的那部分）电力的变现。但是土地厂房设备这些通常属于固定成本的要素，却难以因为订单一时减少就很快变现。不过，长期而言，土地厂房设备等属于固定成本的许多要素，也是可以变现的。如果很长时间订单很少，甚至产业的前景不看好，那么设备厂房甚至土地都可以出售。事实上，通常属于固定成本的这些要素也可以变现，正是所谓“长期情形”的特征。

运用变现这个关节，可以说成本里面短期不能够变现的部分，叫作固定成本。但是，有些属于固定成本的投入，不要说短期无法变现，甚至长期也不能变现，包括永远不能变现，这部分固定成本，有一个专门的名称，叫作**沉没成本**（sunk cost）。

如果一个企业拥有一些这个企业专用的、别人不能利用的投入，那它就属于沉没成本了。设想一家麦当劳餐厅关闭了，它的有些投入就不能变现。首先，麦当劳的招牌不能变现，另外，麦当劳风格的桌椅不能变现。比方说肯德基来接手，他肯定会把这些麦当劳专用的东西扔掉。你可能说哎呀这是我花很多钱置办起来的，可是人家才不要呢。沉没成本就是说，你这部分投资，在整个投资成功的条件下，它是发挥作用的，而在整个投资不成功的条件下，这部分投资怎么也收不回来。这就是沉没成本。

经济学里面一个重要的告诫，就是在做投资决策的时候，忘记沉没成本，就是不要受已经成为沉没成本的那部分先前的投资的影响。

做投资当然有风险。一般来说，投资实体经济的风险，没有投资虚拟经济那么大，但是也有风险。就是你要搞一项投资，这项投资有可能失败。一项投资是成功还是失败，考的是企业家的本事、企业家的才能。企业家承担这个风险，享受可能的成功。假定企业家投资一项他非常看好的项目，已经投资下去不少了，却发现原来对项目的前景判断失误，或者发现市道已经变得暗淡，继续做下去的话，这个项目多半要失败。这时候合理的做法，是认识“苦海无边”，及时“回头是岸”，不再追加后续投资。这里面有一个时间点，就是发现原来的判断失误的时候，发现市道已经变得暗淡的时候。正是在这个时间点，我们说考虑是否追加投资时，不要受已经成为沉没成本的先前投资的影响，而只是看再投资下去的话，追加的投资是否可能成功。

比如说，有一样东西原来很时髦，但现在已经不怎么热火了；或者已经有好几家进来都做得不错，生意已经摊薄了，如果你再掺和进去的话，肯定没有市场。这时候就可以判断投资多半失败。投资失败，就要考虑转向。如果明知失败，仍然不能“忘情”，觉得这个项目我已经花了多少钱进去，不把它救活过来心有不甘，这样的想法肯定会对投资决策产生误导。或者拿投资额来说，你原来预算花一个亿能把这个项目拿下来，现在一个亿已经进去了，发现其实远远不够，一点五个亿，两个亿都陆续进去了，还是未见端倪，前景暗淡，不能保证再投入一个亿左右就会成功。这时候应该怎么办？应该忘记沉没成本，果断放弃，哪怕砸锅卖铁，能够变现多少算多少。

你们不是做企业的。为了把沉没成本说清楚，我试图举一个日常生活的例子。假如同学们听了以后能够自己写出几百字上千字，编排出更好的故事，我会给你们一定的奖励。

我的例子是这样的：假定有一项户外活动，这个活动有两个特性，一个是青年学生很喜欢，一个是它对天气依赖非常大。比如野外烧烤就是这样。假定有一个地方在举办这样一项户外活动，而且不知道为什么他生意非常成功，能够办得那么吸引人，以至于需要提前一个月下相当于消费额五分之一左右的定金。你们因为听说这个活动非常好，也想去玩，而且已经下了定金。结果等到要去的那天，暴风雨来了，像前两年要把暨南大学淹掉的那种暴风雨，那你们怎么办？这时候，人们难以忘记沉没成本的这种非理性的惯性思维，就发生作用了。如果没有下过定金，你们肯定不会冒着暴风雨去烧烤。但是因为已经下了定金，觉得如果不去的话就对不起这些定金，结果你们还是要去，去淋雨挨浇。这就是沉没成本误导的非理性行为，决策非常愚蠢。

你也可以反过来这样思考：假定有人送给你烧烤场今天的优惠券，优惠的幅度恰好等于定金，你会不会因为这张优惠券，就冒着暴风雨去烧烤呢？我想不会的。人家送给你你不去，自己下了定金就还是要去，这个对比说明，因为下了定金就冒着暴风雨也要去烧烤，是沉没成本误导的非理性行为。

【花絮】再讲一个在中山大学校园发生的真实故事。

我曾经说过，千万人的生活改善得那么快，在世界上是最近两百年的事情，在我们中国，是最近几十年的事情。改革开放后，广州属于先富起来的地区，整个广东的经济总量很大，广东多数地区人民的生活水平也比较高。

但是在改革开放之前，广州在全国大城市里面可以说是最穷的，临近广东的湖南就比我们好得多。当时广东人有机会到湖南出差，很多人会把那边的猪头肉买回来。出差到北京，会把北京的猪肉买回来。但是坐两三天火车，猪肉很容易变质，于是他们把硼砂涂抹在猪肉上。其实硼砂是有毒的，可当时就是这样。

我们学校一位德高望重的老教授，对于广州副食供应之匮乏，真是"穷"怕了。他有一个孩子在山西的一个小城市工作，惦记远在南国的老父。当时山西小城市的副食供应相当丰富，价钱也便宜。一次，他在冬天买了几只活鸡，宰了晾干，用牛皮纸包好，放在一个木箱里面，交铁路部门托运到广州给老父。其时，正是北方漫长的冬天，他忘记南方这时候仍然温暖。结果这些没有腌制过的鲜鸡运到广州的时候，都已经变味了。

家人都觉得这些鸡早已经不能吃了，老教授却还是要吃。家人在屋后挖坑把那些变质的肉鸡埋了，他追问下落，自己去挖出来，说煮透了还可以吃。明明已经变坏了，吃下去一定危害身体，却因为是孩子花钱买了远道送来的，就还是要吃。这也是沉没成本影响之下的非理性行为。

【沉没成本作为显示决心的信号】有所学校在寒暑假会组织一些员工集体的旅游活动，一般都给予相当补助，个人只负担一小部分，每人按照规定享受一次或者两次。这些活动，一般都进行得不错。想不到他们最近组织的一次完全"公费"的近郊旅游活动，报名人数接近 40 人，实际参加的却不到 30 人。"出勤率"空前的低。

报名的多，实际参加的少，主要原因就是个人完全不负担费用。如果让个人也负担一点，那么他们在报名的时候，就会比较认真地掂量一下是否报名。如果报了名却不去，个人负担的那部分费用，就会成为收不回来的沉没成本。

事实上，按照博弈论与信息经济学，沉没成本已经发展出显示决心的作用。比方说电视机的生产和营销竞争很激烈，现在某家自信心饱满的企业又在建设新的生产线，那么这新的生产线的巨额投入，就兼有显示竞争决心的作用：他是要在这个市场和这个行业竞争到底的，因为退出的话，生产线的投入将成为不可变现的沉没成本。

8-6 最优产量决策

最后，我们讲一点竞争企业的最优产量决策。

在生产者理论中，企业的利润等于销售收入减去生产和营销成本。那产量怎么决策？你如果做企业，你的目标就是利润最大化。前面说过，企业的利润是 $\pi=R-C$。利润要达到最大，他的边际量一定要是 0。从 $d\pi=MR-MC=0$，我们得到 $MC=MR$，即边际收益等于边际成本。这就是最优产量决策的条件。

所谓竞争市场，理论上由许多市场份额都很小的相互竞争的企业组成。竞争企业的经济学特征，是作为**价格接受者**（price taker）。与竞争企业相对的，是垄断企业，垄断企业的经济学特征，是作为**价格制定者**（price maker）。中石油、中石化、中海油，电力公司、煤气公司、自来水公司等，就是经济学意义上的垄断企业。

竞争企业是价格接受者，最明显的例子就是卖小菜的摊贩。以前，广东蔬菜生产受天气影响非常大，如果寒潮来了，蔬菜产出很少，就会卖得很贵。相反，广东人说天气“回南”了，蔬菜就长得很快，供应太多了，出现“烂市”，卖不出去，只好降价。那时候你去菜市场看看，那些卖菜的人都很惨，每天那么多菜进来，卖出去一点点，又搬回去，又再拿来，折腾来折腾去菜都变烂了。因为是价格接受者，价格下跌了，他们哭也没地方哭，只好自己承受。

假定这家企业就生产一样东西，那么在生产出来的东西都能够卖出去的条件下，销售收入 R 等于商品的市场价格 P 乘这个企业的产量 Q，即 $R=PQ$。因为市场份额很小，是价格接受者，他的产量不能影响商品的市场价格，从而商品的市场价格 P 对于他来说是一个常数。从微分学我们知道，如果其中一样东西是常数，那么两样东西相乘的导数，等于这个常数乘以另外一个东西的导数；两样东西相乘的微分，等于这个常数乘以另外一个东西的微分。现在，所论的边际操作是对产量 Q 求导数，合起来我们就知道，MR 等于 P 乘以 Q 对 Q 的导数，后者等于 1。这样。我们就得到 $MR=P$。

前面我们得到的 $MC=MR$，是适用于所有（单一产品）企业的最优产量决策的方程。现在我们知道对于其中的竞争企业，$MR=P$。合起来，单个商品市场竞争企业最优产量决策的条件是 $MC=P$。

MC 是边际成本。企业最优产量决策的讨论，都在边际成本上升的阶段。如果这种商品的市场价格是 5 元钱，而你现在的边际成本是 4 元，那么为了利润最大化，你应该增加生产。这是因为你再生产一件商品的成本是 4 元，卖出去可以收入 5 元，能够赚 1 元钱，所以你要增加生产。产量增加到一定程度，边际成本上升到比如 4.5 元了，还有 5 毛钱可以赚，还应该增加生产。最后增加到 $MC=P$，是利润最大化的时候。达到 $MC=P$ 以后还再增加生产的话，边际成本继续上升，变得超过市场价格，就成为亏本生意。

8–7　零利润定理

关于竞争行业，经济学家归纳了一个**零利润定理**（Zero-profit Theorem），说的是：对于竞争行业，企业的经济利润最后一定趋向零，变得没什么好赚。

从最优产量决策方程 $MC=P$ 来说，当 $MC<P$ 的时候，企业为了利润，是一定要增加生产的，最后增加到 $MC=P$，不就没什么好赚了吗？

另外，我们也可以从“两面夹击”来理解竞争行业的零利润定理。所谓竞争行业，是没有进入壁垒的行业，只要这个行业有钱赚，人家也要进来分一杯羹。固然单个竞争企业不能影响商品的市场价格，但是他们合起来使得整个市场的供给上升，却一定导致商品的市场价格下降。这是一方面。另一方面，因为有钱可赚，原有的企业增加产量，新的企业要分一杯羹，就把原材料的价格抬了上去。原材料价格上升，产品价格下降，这样两边一夹，最后造成的结果，就是零经济利润，就是大家都没有什么可赚。

皮鞋，是意大利和西班牙传统的出口商品。现在西班牙、意大利的工人都恨我们中国的皮鞋，因为西班牙、意大利这些国家都是非常悠闲的，工人中午要休息，下午三点才上班，过着潇洒的日子。我们中国人穷怕了，所以非常勤劳，工资很低也干，结果 MC 很低，轻易把他们打垮。如果还是这样一味靠低工资竞争，最后我们自己这些竞争企业也得垮下来。

乍一看来，零利润定理非常消极，展示了暗淡的前景。但它的积极意义在于鼓励创新。大家都做同样的东西，最后肯定是零利润。但是如果你能够做出来一样新东西，受到市场欢迎，你就能实现丰厚的利润了。微软、苹果就是这样的例子。这是有专利保护的情况。没有专利保护的话，那就正如广东人所说的，要“饮头啖汤”，趁着你做出了别人还来不及模仿，多赚一点。总之，零利润定理告诫我们，一味跟人家拼成本来竞争，是没有前途的。一定要有创新精神，在市场竞争中抢得先机。

【课间讨论】有一个同学提出疑问说，最优产量决策的方程 $MC=P$ 怎么跟产量没有关系。这位同学忘记了，边际成本是由产量来决定的，产量不同的时候，边际成本也不同。也许把 $MC=P$ 写成 $MC(Q)=P$，便于这位同学理解最优产量决策的方程。但是一般我们总是只写 $MC=P$，应该不会产生异议。

图 8–3 演示竞争企业的最优产量决策，特别注意边际成本曲线的这种典型形状。这也有助于刚才那位同学直观地看到，产量不同的时候，边际成本不同。

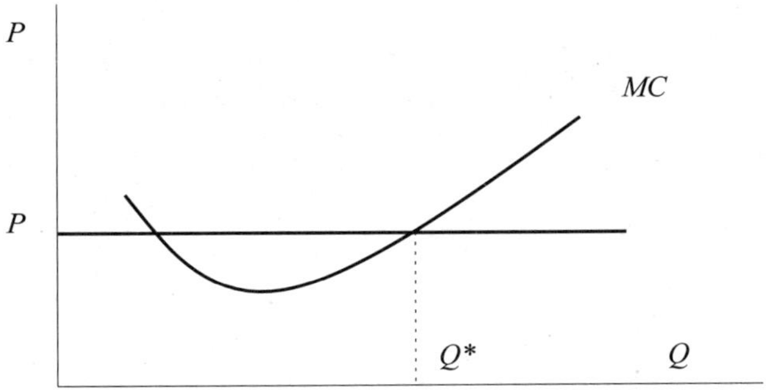

图 8–3　竞争企业的最优产量决策

在图 8–3，边际成本曲线与表示市场价格的水平直线有两个交点。当然我们说企业产量决策讨论的都是上升的这一段，但是你们也可以直接说明为什么不是决策在边际成本曲线下降阶段与价格直线的交点。这就留给大家自己来说服自己吧。

【思考题】在 8–4 节，我们说了在大城市的繁华地段，因为竞争激烈，其他所有馄饨小店都倒闭了，但是利用祖屋开店的那家家庭馄饨店没有倒闭。难道这家馄饨小店，逃脱了零利润定理展示的宿命？说说你的看法。

第九讲　税收及其社会福利损失

【开题】今天，我们主要讲税收以及税收带来的社会福利损失。一个国家，一个经济体，是一定要收税的，因为它有一些公共事务要靠税收来运行，公共事务也需要钱。那么，这些钱是从哪里来的呢？就是从公民和居民身上收税得来。从企业收税，归根结底也是从公民和居民身上收税。

有一个说法是，政府从老百姓和企业那里收了税，拿来给政府用，这完全是一个财富的转移过程。实际上不是这么简单，其中必定带来一定的社会福利损失，大体上是政府得到比方说一千元的财政收入，纳税人的损失超过一千元。

不管你在征税的过程里多么廉洁、效率多么高，征税是一定要造成财富损失（即社会福利损失）的。我们今天就主要说明这个问题。这是今天的第一主题，这个主题，非常倚重第二讲引入的消费者盈余和生产者盈余的概念。

第二个主题是：征税不论是征在企业（卖家）方面还是征在消费者（买家）方面，这个税负总是由双方分担的。谁分担得多，谁分担得少，并不取决于征在卖家头上还是买家头上，而是看谁的价格弹性大、谁的价格弹性小。谁的价格弹性小，谁分担的税额就大。反过来说，如果价格弹性很大或者无穷大，你随便怎么向他征税，他基本上都不用承担，而是可以把税负完全转移给对方承担。对此，我们在第六讲已经有初步的说明，但是详细的推导，在技术上还是有一点难度。在这个意义上，也可以说今天要把过去讲过的那些东西综合起来分析。

9-1 回顾单一商品的市场均衡

税收的种类有很多。在第六讲我们已经初步介绍过了，这里不再重复。与税收相反的操作，则是销售补助。比如在一个阶段，农民买农机具，买一辆收割机或者买一辆拖拉机，国家会补助给他多少钱。总之，销售补助跟收税是相反的经济操作。销售补助中的从量补助，就像农民买一辆收割机国家补助给他多少钱那样，当然收割机的型号、功能不同，补助也可能不同。有些地方现在买电动汽车也有补助。这些都是跟收税相反的操作。你也可以想象与人头税操作相反的那种补助。

为讨论简单起见，我们只是拿从量税来展开讨论，就是消费者和生产者交易一件商品，政府就收取一定数额的税。讨论的背景，是单一商品市场的部分均衡。

图 9-1 是第二讲图 2-4 的翻版，纵轴表示的是市场价格 P，横轴表示的是需求量，或者是供给量，或者是交易量 Q。需求曲线 D 和供给曲线 S 的交点，给出市场的均衡 $E=(P_E, Q_E)$，包括均衡价格 P_E 和均衡交易量 Q_E。假如给出需求曲线的方程和供给曲线的方程，问你达到均衡时的 P_E 和 Q_E 是多少，那只要把两个方程联立，你就能把均衡 $E=(P_E, Q_E)$ 算出来。

具体来说，如果需求曲线的方程是 $Q=D(P)$，其中 Q 是需求量，P 是价格，价格决定需求量；供给曲线的方程是 $Q=S(P)$，其中 Q 是供给量，P 是价格，价格决定供给量。为了求出均衡，你只要解方程 $D(P)=S(P)$ 就可以了。

为使大家有一个感性的认识，假设需求曲线是 $D(P)=50-P/2$，价格越高需求量越低，供给曲线是 $S(P)=2P-4=-4+2P$，价格越高供给量越大。你们按照 $D(P)=S(P)$，就可以算出来均衡价格 P 是 108/5，然后再把它代入 $Q=D(P)$ 或者 $Q=S(P)$，就可以计算出均衡交易量。现在我很快地问一下，在这个市场，需求的价格弹性大，还是供给的价格弹性大？这你只要看在交点，需求曲线的斜率（的绝对值）是 1/2，供给曲线的斜率是 2，就知道需求的价格弹性比较小。

关于消费者盈余和生产者盈余，我举例子帮助大家回忆：假设在某单一商品市场，作为消费者你愿意花三百元钱买一件商品，结果因为有市场，市场竞争使得这种商品只卖一百元钱，那你当然只花一百元钱把它买回来。你作为保留价格的三百元钱减去市场价格的一百元钱得到的差值两百元钱，就是你从市场得到的好处。试想一下，如果没有市场，当你很着急要一样东西并且愿意出三百元钱购买它的时候，精明的卖家对你的心理是非常了解的，他就会让你以三百元或接近三百元钱的价钱买下这一商品。而现在有了市场，你买下这一商品只要一百元钱就可以了，所以我们把省下来的这一部分叫作“消费者市场盈余”或者“消费者盈余”。至于“生产者盈余”呢，背景还是刚才的单一商品市场。假设同样一种商品，别人卖一百元钱，而你卖两百元。既然都是同样的商品，消费者花一百元钱就能买到，那他们就不会来你这儿买。也就是说，你被排除在这个单一商品市场之外了。所以，供给曲线在均衡点右上方那部分是不能实现的。而假如你的保留价格即心理预期是卖六十元钱，但是市场竞争的结果价格是一百元钱，那么你当然也卖一百元钱，这“多”得的四十元钱，就是你作为卖家因为存在市场而得到的好处，就是你得到的作为生产者的市场盈余。

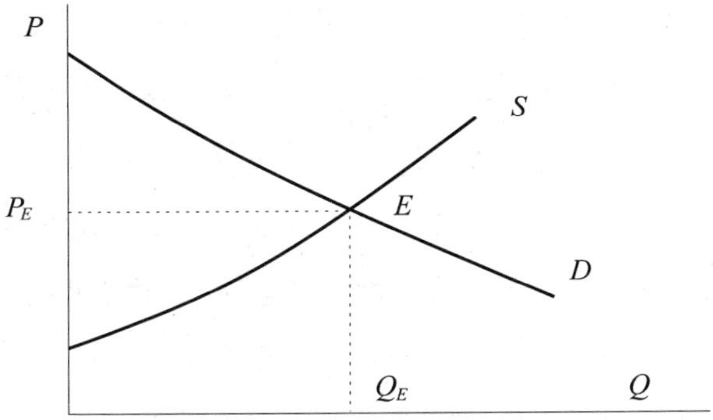

图 9–1 单个商品市场的均衡

合起来，图 9–1 均衡价格虚线以上的那个曲边三角形，是这个市场上所有消费者实现的消费者盈余的总和，我们就把这个三角形叫作这个市场的消费者盈余；图 9–1 均衡价格虚线以下的那个曲边三角形，是这个市场上所有生产者实现的生产者盈余的总和，我们就把这个三角形叫作这个市场的生产者盈余。大家要能够清楚地区分图 9–1 的需求曲线、供给曲线、均衡、消费者盈余和生产者盈余，下面我们要做的，就是在这个图的基础上说明，因为收税，市场实现的消费者盈余变得小了，损失了的消费者盈余，大部分变成税收交给了政府；市场实现的生产者盈余也变得小了，损失了的生产者盈余，大部分变成税收交给了政府；消费者和生产者还有一部分损失了的市场盈余，政府却没有拿到，这部分市场盈余的损失，就叫作死角损失。

【提醒】关于需求曲线，我们一直强调其中的关系是“价格决定需求量”，所以需求曲线的方程应该是 $Q=D(P)$。但是在经济学文献里面，在清醒“价格决定需求量”的前提下，经济学家喜欢把需求曲线写成 $P=f(Q)$。这样写的需求函数，实际上是“反需求函数”。你们记得在中学学过正切函数 $y=\tan x$，因为在 $-\pi/2$ 和 $\pi/2$ 之间，它是严格单调上升的函数，所以我们可以在这个区间把它的反函数求出来，得到定义在整个实数轴上的反正切函

数 $x=\tan^{-1}y$。当给出 $P=f(Q)$ 的反需求函数的时候，你可以拿来计算，但不要忘记实际上还是价格决定需求量。另外，给出反需求函数的前提条件，是原来的（正）需求函数是严格单调下降的函数。

同样，供给曲线的方程应该是 $Q=S(P)$，但是在经济学文献里面，在清醒“价格决定供给量”的前提下，经济学家也喜欢把供给曲线写成 $P=g(Q)$，即反供给函数。你可以拿来计算，但是注意事项与反需求函数相同。

对于反需求函数和反供给函数，我只是提醒一下，并不展开。

9-2　区分 P_l，P_r 和 P_p 是关键

讨论税收的社会福利损失，最要紧的一点，就是要区分在收税的情况下商品的标签价格 P_l，生产者收到的价格 P_r 和消费者付出的价格 P_p。

在收税的情况下，所谓价格，已经不是一个单一的价格这么简单，而是有三个价格。一个是 P_l，下标 l 是“list”的第一个字母，是**标签价格**（list price）。你去买一样东西，标签上写着价格 100 元钱，这就是标签价格。当然在别的场合“list”可能有别的意思，比方说你到一家宾馆，前台那里经常有一块标注着房价的牌子，比如说“标准间——600 元 / 间”，通常花三四百元钱就能在这些标准间里住一晚，因为宾馆多半都会打折。另一个是 P_r，**卖主收到的价格**（price received by sellers）。再一个是 P_p，**买方付出的价格**（price paid by buyers）。之所以卖方收到的价格和买方付出的价格不一样，差就差在这个“税”上面。假定政府征收的从量税是每件商品 T 元钱，那么很清楚，$P_p=P_r+T$。

消费者付出的价格 P_p 当然不低于标签价格 P_l，生产者收到的价格 P_r 当然不高于标签价格 P_l，但是高多少低多少，却不那么简单，需要依靠价格弹

性来计算。

假设如图 9–2，D 和 S 分别是征税前的市场需求曲线和市场供给曲线，这时候我们知道，需求曲线和供给曲线的交点 E，是相应的市场均衡；均衡价格为 P，均衡交易量为 Q。由于没有税收，消费者付出的价格和企业收到的价格都等于均衡价格 P，它们是一致的。

现在首先假设政府对企业收税。由于政府对企业征税，按照第六讲图 6–3 的道理，市场供给曲线向上平移 T 个单位，市场均衡变为 E'，看起来市场的均衡价格变为 P'，均衡交易量变为 Q'。这时候，消费者付出的价格 P_p 等于新的均衡价格 P'，而企业收到的价格 P_r 等于新的均衡价格减去税收，即 $P_r=P'-T=P_p-T$。从图上我们看到，消费者付出的价格有所上升，企业收到的价格有所下降，交易数量有所减少。

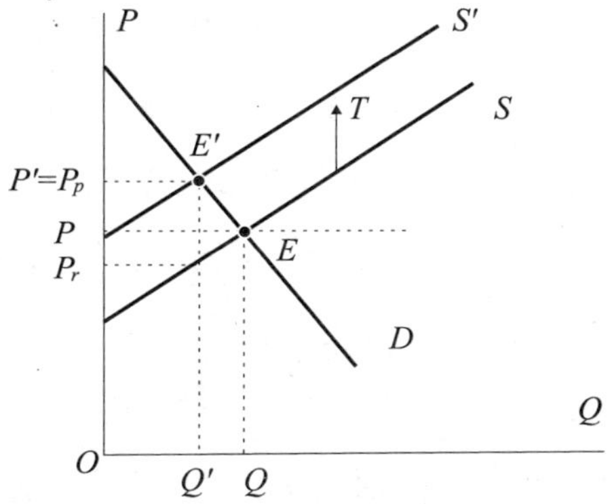

图 9–2　对企业征税的税负分析

如果政府不是向企业征税，而是向消费者征收，税额同样是 T，则如图 9–3，市场需求曲线 D 向下平移了 T 个单位，成为 D'。这是因为消费者购买价格（市场价格或标签价格）为 P 的一件商品时，实际付出的钱会是 $P+T$。这时候，市场供给曲线 S 保持不变。由于市场需求曲线向下平移 T 个单位，市场均衡变为 E''，均衡价格为 P''，均衡交易量为 Q''。此时，消费者付出的价格 P_p，等于 $P''+T$，企业收到的价格为 P_r，等于 P''，我们仍然有 $P_r=P''-T=P_p-T$。

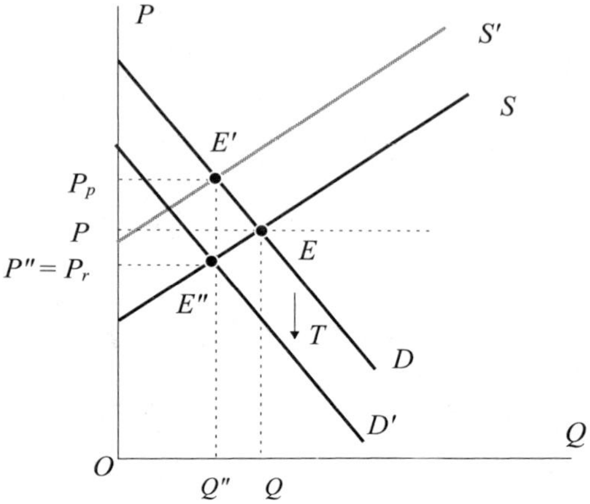

图 9-3 对消费者征税的税负分析

比较图 9-2 和图 9-3 可以看出，不论税是征收在购买者消费者方面还是征收在生产营销者方面，买方付出的价格都高了，卖方收到的价格都低了，高了多少和低了多少，在两种情形都完全一样。我们还可以看到：消费者盈余和生产者盈余这两个部分都减小了。消费者盈余减少的部分是图中由点 P_p、P、E 和 E' 围成的梯形，生产者盈余减少的部分是由点 P_r、P、E 和 E'' 围成的倒过来的梯形。而因为在这个市场上征收这个税，政府得到税收收入，则是由点 P_p、P_r、E'' 和 E' 围成的矩形。

那么，剩下来的那个由 E、E' 和 E'' 围成的三角形到哪里去了呢？这个部分“蒸发”了。比方说消费者方面和生产者方面因为这个税总共损失了一个亿，但政府拿到手上的却只有六七千，剩下的那一部分就不见了。这就是我们所说的**死角损失**（deadweight loss）。它是生产者和消费者损失了而政府也没有得到的那一部分。

之前我们讲过，交易创造财富。扩展开来，交易越是充分，创造的财富越多。可是图 9-2 和图 9-3 都说明，税收压抑交易，让交易量从征税前的位置压缩到征税后的比较小的位置。除了交易量受到压抑以外，消费者盈余和生产者盈余这两种市场带来的福利，也受到压抑。借用陈志武教授一本书的标题：中国人为什么勤劳而不富裕？很重要的就是因为我们这里传统上压抑交易。历史上，仕、农、工、商，商人的位置最低。“改革开放”前的三十年最糟糕，几乎完全不许居民进行自由的交易。农民养几只鸡生几个蛋拿去卖，以便有一点钱可以拿来买火柴，也要被割“资本主义尾巴”。

总之，只要干预了市场，有些东西就会失去。凡是收税，就肯定会出现死角损失。

9-3　弹性小的一方承担的税负重

在我们中国，人们不习惯于由买家来支付税款这种做法。但是在美国，却普遍都是这样。美国各个州的税率不一样，一些州，比如有赌城的州，它的税率是比较低的。纽约这样的州，税率就比较高，许多年份在 10% 左右；新泽西州紧挨着纽约州，但是因为有个大西洋城赌城，税率就比较低，常年在 7% 左右，甚至更低。所以在美国你买一样东西，标签上价格是 100 元，你要付 110 元，或者 107 元。发票上就打印着价格是多少，税收是多少。

这一节主要是说明，税收无论征收在企业方面还是征收在消费者方面，税负如何分摊都是一样的。我们把上述对企业征税和对消费者征税的两个图提炼一下，就可以得到下面的图 9-4。可见，税无论征在哪一方，其结果都是由双方共同分担。

谁的税负比较重呢？我们记得需求曲线和供给曲线相交，在相交的地方，哪条曲线越陡，它的价格弹性越小。假设如图 9-4，需求曲线陡一些，供给曲线比较平，那么需求的价格弹性比供给的价格弹性小，税收由消费者方面承担的部分比较大。相反，假定供给曲线比较陡，需求曲线比较平，就企业方面负责的税赋比较重。大家回去首先要学会自己把图 9-4 画出来。图 9-4

是需求曲线比较陡，供给曲线比较平。然后你画一张需求曲线比较平、供给曲线比较陡的，请一位同学评论。这些你会画了，画得正确了，你对于税收的影响就比较能够理解了。

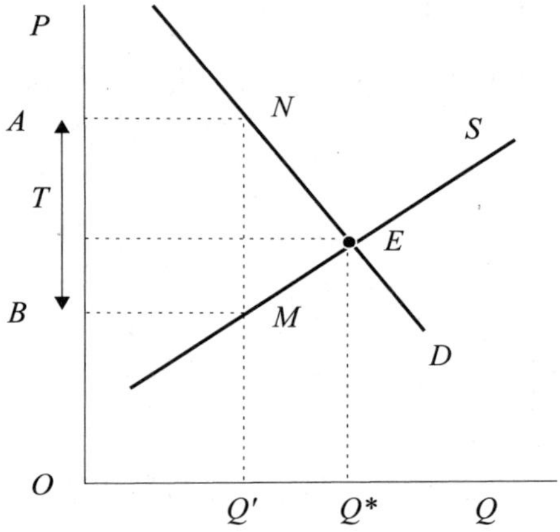

图 9–4　税负的分摊

9–4　税负的具体计算

前面我们说过，对于单一商品的某个市场，如果知道需求曲线的方程是 $Q=D(P)$，供给曲线的方程是 $Q=S(P)$，只要解方程 $D(P)=S(P)$，就可以把市场均衡计算出来。

现在征税了，怎样计算新的均衡呢？

新的情况是，生产者收到的价格 P_r 和消费者付出的价格 P_p 分离了。注意消费者对于商品的需求量是由他们付出去的价格来决定的，我们就知道，在 P_l，P_r 和 P_p 分离的情况下，需求方程应该写成 $Q=D(P_p)$，再注意生产者方面商品的供给量是由他们收到的价格来决定的，我们就知道，在 P_l，P_r 和 P_p 分离的情况下，供给方程应该写成 $Q=S(P_r)$。另外我们知道，

$P_p=P_r+T$。把这三个方程联立，就能解出新的均衡：消费者付出去的价格是多少，生产者收到的价格是多少，市场交易量是多少。所谓三个方程联立，也可以说只是解 $D(P_p)=Q=S(P_r)$ 即 $D(P_r+T)=S(P_r)$ 这一个方程。从这个方程解出 P_r，代入 $P_p=P_r+T$ 得到 P_p，代入 $Q=S(P_r)$ 得到市场交易量，问题就全部解决了。

前面我们计算过 $D(P)=50-P/2$，$S(P)=2P-4=-4+2P$ 的例子，那是没有征税的情况。假设现在对交易征税，每交易一件商品，征税 T 那么多，请大家把征税情况下新的市场均衡算出来。其中 T 等于多少，留给你们互相出题，然后注意 $D(P)=50-P/2$ 中的 P 变成什么，$S(P)=2P-4=-4+2P$ 中的 P 变成什么，就可以正确地解出来。

【预告的考题 2–2】税负依弹性分摊，也是我们这门课程技术难度最大的重要内容。因此需要考核你们是否掌握这种分析方法。具体来说，就是告诉你需求曲线的方程 $Q=D(P)$ 和供给曲线的方程 $Q=S(P)$，以及每交易一件商品征税 T 是多少，请你做以下事情：一，把消费者付出去的价格是多少、生产者收到的价格是多少、市场交易量是多少这三样东西算出来；二，计算在均衡位置，需求的价格弹性是多少，供给的价格弹性是多少；三，计算消费者盈余减少了多少，生产者盈余减少了多少，政府因此收入税款多少，这项税收带来社会福利的死角损失是多少。

【很有挑战性的练习】前面我们说过，销售补贴是与税收相反的操作。如果你们能够把销售补贴情况下新的市场均衡算出来，那么你们对于这门课程的掌握就可以说是相当好了。当然，对此我不作统一要求，只给有兴趣和有余力的同学。

前面说过，补贴主要有两种方式。一种是**专项补助**，英文叫“Voucher”，比方说给你一笔钱，这笔钱只能用来买书的；给你另一笔钱，这笔钱只能用来旅游。另外一种就是**销售补贴**，英文叫“Subsidy”。现在我们只讲销售补贴，每交易一件商品补贴多少，用 S 表示。

具体来说，告诉你需求曲线和供给曲线，以及每交易一件商品补助多少（S，相当于前面图 9–4 那个 T），请你画图表示新的需求曲线或者新的供给曲线，然后确定消费者付出去的价格、生产者收到的价格，以及市场交易量；画图表示消费者盈余增加了还是减少了多少，生产者盈余增加了还是减少了多少，政府为此付出的补助款一共是多少，特别是清楚表示出这项补助有没有带来死角损失。也欢迎有同学做出精确的数量分析。

结果大致是这样的：设想为了鼓励自行车的销售，交易一辆自行车，政府补贴给你 20 元钱。假设政府为此投入了一亿元钱，那么最后消费者和生产者得到的好处只有六七千万元。其他的两三千万元到哪去了？同样是“蒸发”了。

税收和销售补贴都会带来社会福利损失。这也告诉我们，市场这个东西你轻易不要动它。邓小平的经济学理论没有多少，但是他有一个很好的直觉，就是“不要动他”。虽然具体来说这个“他”指的是“傻子瓜子”的老板年广久，可是我们也可以理解为市场，理解为市场机制。

【归纳】到这里我们已经把今天的主题讲完了：收税一定会带来社会福利损失，弹性小的一方承担的税额重，弹性大的一方税负轻。对此，我们也可以从极限的情况来理解，假定有一方的价格弹性等于零，那么税收就全部落到他的头上。

我们可以举一个例子来说明：假定某一个地方总共只有一个人出租一间房子，那个人全靠出租那一间房子吃饭。房子租得出去，他就活得下去，房子租不出去，他就活不下去。于是，供给方面完全没有弹性，供给的价格弹性等于零。相反，来租房子的人需求有弹性，比方说原来想租这间房子的人最高愿意出 1000 元钱，再高就不愿意租了，设想原来正好是有一位房客愿意出 1000 元钱租房东的这间房子。好，现在政府要收税，每间房子收 100 元钱，那么这个税不管征收在房客方面还是房东方面，最后都要由房东负担。关键在于房客最高只能够出 1000 元钱，而房东完全靠房租收入吃饭。

征税是这样，加税也是这样，没有弹性的一方（也就是例子里所说的房东），一定要迁就有弹性的一方（即例子里面的房客）。

作为经济学逻辑思维的进一步练习，你们可以尝试把上面的讨论推广到房东有许多房间出租的情况，首先是必须以同一价格出租的情形，然后是允许以不同价格出租的情形。结论仍然是价格弹性为 0 的房东承担全部税负。

【花絮】今天在微博上有一个消息，今年（2011 年）我国一季度国家的税收收入超过七万亿元，比去年增加了 27%。温家宝总理的政府工作报告说今年的财政收入要增加 8%，现在实际上增加了 27%。真是不可思议。大家都说香港的市场环境最好，其中一个非常重要的原因，是香港的税很低。我们的税实在是太重了。

其实从图 9-4 也容易看清楚，当税很重的时候，社会福利的死角损失可能非常大。我们财政收入的增长率，连年比国内生产总值的增长率高出两倍多，实在是没有道理。

【课堂讨论】现在我们停下来，大家有什么问题，可以一起讨论。

问：老师，请问那个死角损失到哪里去了？

答：我说过是“蒸发”了。有些东西就是这样的，你不好好待它，它就不见了。这是现代经济学一个很重要的发现。我刚才讲了，如果由于征税，老百姓损失了一个亿，但政府实际上只拿到六七千万。那剩下的钱到哪里去了呢？这主要是压抑了交易造成的。按照苏俄版政治经济学，财富只能通过农民种地、工人开工才会创造出来，其实，交易创造财富的功能真是不可估量。上次我跟你们讲交易创造财富的时候，有一个提法，就是交易可以“无中生有”地让你增加财富。现在征税的死角损失呢，就是“无中生有”的反面，属于“变有成无”了。这就是死角损失的来源。

这个问题提得很好。不过你要真的理解，还需要靠自己慢慢琢磨。

问：老师，如果同时向买家和卖家征税，那么那幅税负分析的图画出来会是怎么样？

答：这个问题也问得好。通常一个经济体在推出一项税收的时候，不会同时向买家和卖家两方面征收，这主要是出于不增加税务成本的考虑。既然向一个方面征收也可以征收上来同样多的税款，向两个方面都征收就是自找麻烦了。

也许有这样的情况，原来已经向企业方面征税了，现在要加税，为了尽可能遮人耳目，就向买方征收。如果这样，那就一层一层讨论好了。

【学者故事】最后我给大家讲一点故事。在我看来，学问故事和学者故事对于学生和读者的启迪，不在学问本身之下。因为这门课是经济学方面的课，我就讲经济学家的故事。今天讲两位经济学家，一位就是本星期一刚刚来过我们学校岭南学院演讲的张五常教授，另一位是你们院长也相当崇敬的茅于轼教授。主要讲他们对微观经济学什么东西最重要的不同看法。准确地说，是我所体会的他们的看法，如果体会得不准确的话，责任在我。

我觉得，茅于轼先生非常看重择优配置原理，认为它在微观经济学里面居于核心的位置。张五常先生非常看重需求定律，或者说看重需求定律的运用。他曾经说（大意），从需求定律运用得怎样，可以看出一位经济学家的“斤两”。

择优配置原理我们刚刚讲过。至于需求定律，是开课不久就讲了的，大体上就是说：一样商品的市场价格下降了，市场对它的需求量就上升了；一样商品的市场价格上升了，市场对它的需求量就会下降。

我比较倾向于择优配置原理在微观经济学中居于核心的位置。至于需求定律，没有学过经济学的老太太都知道这个道理，只是可能不知道它叫作需求定律而已。可以说需求定律是人类很早以来就知道的道理，然后经济学家把它叙述为“需求定律”，当然也有价值。反观择优配置原理，没有学过经济学的人，多半都没能自悟，就是朦朦胧胧略有所悟，也很难把它叙述清楚。择优配置原理是经济学边际分析革命的主要成果，不把微分方法成功地引入经济学，原理的清晰表达，恐怕就遥遥无期。

茅于轼先生对于择优配置原理情有独钟，还有一个原因，就是他的择优配置原理，不是从老师那里学来的，也不是从书本上学来的，而是在与现代经济学文献隔绝的情况下，自己琢磨出来的。前面说过，择优配置原理是大约一百年前马歇尔他们的创造，大半个世纪以前已经非常清楚地写进了经济学教科书。可是在改革开放以前，我们国家的学术环境一直非常严酷，非常封闭。经济学方面尤甚，现代经济学被贴上“为资本主义剥削辩护”的“资产阶级庸俗经济学”的标签，以至于大学都不能够开设讲授现代经济学的课程，以至于经济学圈子里面绝大部分业者，对现代经济学都唯恐避之不及。改革开放以来，茅于轼先生对经济学发生了很大兴趣。他原来是学工程的，数学基础比较好。经过长期思考，他建立了经济学基本问题的数学模型，然后运用微分方法，得出了我们在上一讲学过的表达择优配置原理的基本方程，并且发表在上个世纪 80 年代初的《经济研究》，非常了不起。也因为茅于轼先生的择优配置原理是在封闭的状态下自己钻研出来的，所以他在运用择优配置原理方面，常常表现出胜人一筹。

茅于轼先生有学者的风骨。他从不跟风，很敢讲话，堪称楷模。但可能是因为自己琢磨出择优配置原理，爱之甚切，对于学界有人歌颂他“提出了择优配置原理、改写了整部微观经济学”，也未及时澄清。

三年前，一位同学进入中山大学岭南学院的一个硕士研究生项目。来校不久，他便发起成立了“广东省高等学校经济学社”，一个学生社团。中山大学岭南学院有人牵头，其他高校自然响应，于是学社成立。很快，他们请到茅于轼先生来演讲，作为学社的重要活动。演讲在中山大学岭南学院叶葆定堂三楼的讲演厅进行，讲演厅有一个很大的舞台，台上顶天立地的一块大的幕布，印着茅于轼先生的头像，下面的颂词说：“是谁提出了择优分配原理，改写了整部微观经济学？是谁……”那天，学社邀请我去做评论嘉宾。我对茅于轼先生非常崇敬，遂欣然应允。可是进入讲演厅，看到那段颂词，对我真是很大的考验，因为在座的大部分听众也是我的学生，我有责任避免他们被这样庸俗的不负责任的颂词误导。认真聆听茅先生的演讲以后，我上去发表了 15 分钟的评论，大意是回顾演讲中的几个例子，赞扬茅先生运用择优配置原理，已臻化境。我说：“为什么择优配置原理茅老师运用得那么好，因为这是他自己研究出来的，所以他掌握得比你们好。至于说茅老师提出了择优配置原理、改写了整部微观经济学，这不符合事实。你们这样讲，茅老师也会感到不安。”中午工作餐的时候，茅老师对我这个“注解”，表示感谢。

现在许多人反感招聘的时候学历要“查三代”。固然英雄不问出处，但是“查三代”也不是完全没有道理。我个人认为：在现代社会，本科是一个人的背景（background）。本科能否进入一所好的大学，相当重要。我曾经在一篇文章里面说过，到了一所好的大学，你对于他们的本科生，可以很有信心，比方说可以预料七成学生都很好。同样在这所大学，硕士研究生可能只有四五成比较整齐，博士研究生的程度就更不整齐了。为什么会这样呢？

主要是因为本科生入学门槛高，也掌握得比较严格。在招收硕士研究生的时候，导师的酌情就大了一些，招收博士研究生的时候，导师的酌情权就更大。

有些同学考不上比较好的大学，就一门心思准备考上比较好的大学读研究生。这也是理性的选择。加上他们那里确实也没有多少高质量的课程，于是他们就盯着考研的几门课，读得滚瓜烂熟，在考研的时候表现出相当的优势。当然，这与研究生入学考试设计得不理想也有关系。

我问那位发起成立学社的研究生，是谁告诉你说，是茅老师提出择优配置原理，改写了整部微观经济学？他说上网找来的。你看，这就是我在这门课开始时讲的，网上的东西是否可靠，一定要有自己的甄别。我也在新浪写一点微博，新浪微博对我的十几个字的介绍，就有不准确的地方。事实上这完全是他们单方面的事情，从未垂询过我。不过首先这失误不是要紧的失误，另一方面留着它可以用来看看同学们会不会看到网上这么写就马上相信，所以我也乐得不与新浪辩解。

大学生应该崇尚高贵。至少“虽不能至，心向往之”吧。崇敬一位学者，本来应该是高尚的事情，但是不能够人云亦云，不惜违背事实地吹捧。

至于张五常教授，毫无疑问他属于20世纪杰出的经济学家的行列。他的博士论文做得非常出色，二三十年来经济评论也做得很好，常常振聋发聩。不过他喜欢讲“过瘾话”，一些时候就显得不负责任。曾经有人批评他演讲中的一些内容，他说那是讲过瘾话，“如果你要批评我，要找我写的东西来批评。”

他的意思，是演讲的时候难免讲点过瘾话，哪怕这些过瘾话站不住脚，或者贬损了别人，也不必指责。张五常先生的学术成就，有目共睹。但哪怕成就如山，不合适的地方还是可以批评。所以，作为一个学术建树远远不能与张五常先生相比的经济学教师，我虽然不同意他关于过瘾话就可以免责的说法，却仍然遵照他“要批评就找我写的东西来批评”的约束，发表了一些文字，认真地也是与人为善地与他商榷。这样子“隔空”批评了几年，我们交上了朋友，是那种保持距离的朋友。在这个过程中，我明显感觉张五常先生的一些变化，比如以前会说直接损人的话，现在则是批评别人的具体意见。张五常先生多才多艺，我自己也从批评和交往中得到教益。

目前我国的学术环境非常不好。但是，学术环境不好，不等于就无法开展认真的学术批评。每个人都可以从自己做起。

第十讲　垄　断

今天我们讲垄断。关于垄断，理论上占据核心位置的是各种情况下利润最大化的产量决策。但是这种决策的具体讨论，技术上难度比较大，超出这门课程的要求。所以，我们集中于简要地说明若干关于垄断的基本认识。

10-1　垄断现象

垄断（monopoly）的概念是发展的，这是因为人们对垄断的关注在发展。本原的垄断概念，指的是一个行业只有一家企业。这里所谓一个行业，就是提供同一种商品的企业的联合体。你们都听说过“行业协会”这种机构吧？生产和营销同一类商品的企业，有可能组成行业协会。这就是“行业协会”所说的“行业”，与讨论垄断现象所说的“行业”有一点差别，因为后者在概念上限于生产和营销同一种商品，而不是同一类。如果提供同一种商品的企业只有一家，那就是垄断。

垄断的现象非常普遍。比方说对于城市居民来说，自来水就是垄断的，电力、燃气等也是这样。你当然可以说，生产和供应自来水的既有北京的企业也有广州的企业，还有别的地方的企业，远远不止一家。但是向广州居民提供自来水的企业，却只有一家，所以说是垄断企业。毕竟，在北京提供的自来水和在广州提供的自来水，不能够说成是同一种商品。

总之，按照本原的定义，如果一个行业里面只有一家企业，这家企业就叫作垄断企业。

但是，垄断这个概念随着历史又有发展。比如说有些行业不是完全被一家企业垄断，而是这家企业占据了行业的很大份额，从而这家企业对于整个行业的供给可以有举足轻重的影响，那么它也被认为是垄断企业。

垄断对于社会福利和民众生计的影响很大。所以，发达国家在反垄断的立法方面做了很多工作。比如有些国家对于企业合并，有严格的要求，如果合并以后企业占据行业的市场份额太大，就不允许合并，否则两家企业一合并，占据比方说市场份额的百分之六七十，那么"垄断力"就太大了。

但是我们也不能说垄断就一定不合理。

首先是自然垄断。比如自来水企业和燃气企业，如果它已经在某个地方建立了供水的管道系统和供气的管道系统，那么它只要再付出一点点"边际成本"，就能增加一个用户。要是有别的企业想进来分一杯羹，通常因为初始投资一定很大，所以很难与原有的企业竞争。新进来的企业因为它原来没有用户，为了第一个用户，它可能要投资几个亿才能建立起最起码的可以运作的系统。但是对于原来的企业，增加一个用户可能只花几百元钱。所以，我们很少能够看到一个城市有两家自来水企业、两家供应燃气的企业。不是说完全排除了这种可能，但这种情况的确很少。

现存企业增加用户的边际成本极小，从而平均成本总是下降。企业因为具备这种经济学特性而形成的垄断，叫作自然垄断。电力和其他一些行业也有类似的情况。

还有一种垄断是专利保护的垄断。比如说你发明一种东西，市场前景看好，你可以申请专利保护。没有这种保护的话，谁都可以轻易仿造，那么你辛辛苦苦发明了这种市场前景看好的商品，却因为"仿家蜂起"，你赚不了多少钱，多半连发明和开发的成本都拿不回来。而别人坐享其成，照抄照做，产品上已经赚得不比你少，更不必说不用付出开发新产品的投入了，而这种投入一般来说都很大。所以如果没有专利保护，整个社会就缺乏对发明创造的激励。因此，专利保护是合理的，不然的话，大家都去抄别人的，社会就没有创新。

中国人讲的“祖传秘方”，也是一种基本上合理的垄断。比方说有一家人有一个针对某种疾病的很有效的方子，他一般不愿意让别人知道，而是努力保持秘密。你们都听说过这种握有祖传秘方的家庭，通常“传男不传女”，因为女儿是要嫁“出去”的。总之很多规矩，要单传给非常可靠的人。

有些行业，就其产业性质来说，并不自然就形成垄断，但是政府出于一定考虑，可以让这些行业成为垄断行业。设想有种商品，本来他可以做，你也可以做，但政府只许他做，不许你做。政府授权给他做，还规定未受权的人不能做，那么他这个企业就是**授权垄断**的企业。授权垄断这种说法，是从强调政府行为的角度来说的。如果从强调企业的角度说，也可以叫作受权垄断。我们约定，以后就笼而统之把它叫作授权垄断。另外一种说法，则是行政性垄断。

市场经济讲究竞争。在经济现象的谱系中，与竞争相对的另一头，就是垄断。市场经济讲究在良好的法治环境鼓励竞争，所以，政府对市场和企业的规制，应该集中在垄断企业方面，特别是规制授权垄断企业。

10-2 作为价格制定者的垄断

我们在讲竞争企业的时候说过，竞争企业通常市场份额很小，从而每一个企业对商品的市场价格的影响微小，微乎其微。竞争行业的商品价格，由商品的市场供求来决定：需求膨胀，表现为推动价格上升的力量；需求萎缩，是导致价格下降的因素；供给增加，也是导致价格下降的因素；供给收缩，则是迫使价格上升的力量。

前面我们说过，垄断企业是价格的制定者。但这不等于说垄断企业为了自己的利润，把价格定得越高越好。对于垄断企业，利润最大化的产量决策，仍然遵循第八讲推导过的公式 $MC=MR$。写得详细一点，是 $MC(Q)=MR(Q)$，这是因为，产量不同的时候，边际成本不同，产量不同的时候，边际收入也不同。而我们知道，$R=PQ$。竞争企业因为是价格的接受者，所以商品的市场价格 P 对于他来说是一个常数，从而对于竞争企业，我们有 $MR=P$。

但是对于垄断企业来说，他的商品的价格，受这种商品的产量（视为供给量！）的影响。这是很自然的，只要想想物以稀为贵就可以了。供给多了，商品的市场价格就会下降。从而我们知道，对于垄断企业，他的商品的价格 P，是他的产量 Q 的函数，而且大体上 P 对 Q 的导数 $P'(Q)<0$，即价格 P 随着产量（视为供给量！）Q 的增加而下降。

微分学告诉我们，两个因子相乘的导数，等于第一个因子的导数乘以第二个因子，加上第一个因子乘以第二个因子的导数。现在 $R=PQ$，而 $P'(Q)<0$，我们就得到

$$MC(Q)=MR(Q)=(\mathrm{d}P/\mathrm{d}Q)Q+P(\mathrm{d}Q/\mathrm{d}Q)=P'(Q)Q+P<P$$

由此可见，垄断企业的利润最大化产量决策，总是使得边际成本低于商品的销售价格。至于低多少，当然有许多种情况，但是总的来说是低很多。理论上说，$P(Q)-MC(Q)>0$ 就是垄断企业超额利润的来源。

这里要注意，虽然垄断企业是价格制定者，但也不是把价格定得越高越好。这也是我们在前面讲过的。事实上，固然价格不高他赚得不过瘾，但如果价格定得太高，让许多人买不起，他的赚头也不大。实际上价格太高的时候，

需求定律就起主要作用了，顾客迅速减少。极端的情况，是想象他定个天价，闹得谁都买不起，他还有什么可赚？总之整个趋势，大体上是随着价格的提高，有一个利润先是上升然后下降的过程，呈现“单峰函数”的态势。垄断企业就是要把企业产量定在利润达到峰值的地方，利润比竞争企业高很多。

10-3 市场分割与差异价格

为了实现利润最大化，垄断企业有一些不同的做法。首先是怎么定价。我们现在只讲两种来对比一下。一种是单一价格的**普通垄断**（ordinary monopoly）：垄断企业作为价格制定者，对所有顾客实行单一价格。城市里的电力、燃气、自来水等垄断供应，通常实行单一价格。在此基础上，还可能实行阶梯价格等，但是不影响仍然是单一价格的大局。

单一价格的普通垄断，是我们常见的垄断。但是还有一种垄断，就是**差异价格垄断**（price-discrimination monopoly）。

企业在把同样的商品卖给不同的顾客时收取不同的价格，这种现象叫作**价格差异**（price discrimination）现象。垄断企业因为是价格制定者，更有条件实行价格差异的营销策略。

想想我们在生活中遇到过什么价格差异现象？你们是学生，学生这个群体在价格差异现象中往往是占便宜的。比方说你去看电影，有时候电影院会设置半价的学生票。这就是价格差异的营销策略。

明明是同样的商品，卖给不同的顾客却实施不同的价格。人们容易马上就批评说，差异价格的营销策略，违背公平的原则。不过事情也不是这么简单。前面谈到电影半价的学生票，大家就普遍不会批评设置学生票这种差异价格的营销策略。注意，这里商品是完全一样的，电影是同一部电影，座位仍然是先来先挑，但营销价格就是不一样，而大家普遍没有异议。所以不能笼统说价格差异就肯定不合理，非要大家的价格完全一样才是公平。老人、儿童是另一个常常在差异价格中得到好处的群体，还有教师、军人，等等。这种现象在全世界也很普遍。社会学家认为这体现社会要照顾那些低收入的人和没有收入的人，经济学家认为这也是企业多赚一点的途径：把穷人的钱也赚过来。

过去一般把“price-discrimination monopoly”翻译成为价格歧视的垄断，但是我觉得说“差异价格垄断”比较好，以便术语本身不带贬义。固然企业实行差异价格的营销策略主要也是要赚更多的钱，但我们不能因此就完全否定差异价格的做法。

实施价格差异的前提，是市场分割。所谓市场分割，是说市场有边界，你在这个市场，就走不到那个市场。因为不同的购买者属于不同的市场，才可能对他们实施差异价格。平常我们听到说边界，首先想到的是地理特征的政治边界：中俄边界，中国内地和香港这两个不同的经济体的边界，等等。这种有形的边界当然是起很大作用的，但是现实生活中我们还要注意那些无形的边界。比如说面对电影院设置学生优惠票的市场条件，现在我们这个教室里面那么多人之间就存在边界。具体来说，这个边界就在我和你们之间：你们可以享受学生票的优惠，我就不能享受学生票，只能买全票。如果看电影只管买票的人是不是学生，买来后不是学生的人也可以使用学生优惠票，那么边界就瓦解了。在这种情况下，差异价格就无法实施，企业会吃亏。总之，实行差异价格的前提，是市场分割，分割市场的边界，可以是有形的，也可以是无形的。

市场分割有很多种，主要是身份。你到美国留学，美国的州立大学有地方财政的支持，就要给本州的居民享受很便宜的学费。你去留学，你交的学费就要比他们高很多。这个就是身份在起作用，也被认为是合理的。当然如果你成绩很好，你可以拿奖学金，比方说学费 2 万美元，你拿到奖学金 3 万、4 万美元，但这是另外的事情。所以市场分割主要由身份造成，如果没有身份差异，差异价格就无法实施。

正因为实施价格差异的前提是市场分割，所以容易转手的商品，都无法实施差异价格的营销策略。

差异价格垄断的极端做法，是所谓**完美价格差异垄断**（perfect price-discrimination monopoly）。为了说明完美差异价格的垄断，让我们设想以下的例子。

新生进入大学。假定为学生提供住房的部门，是一个独立的企业，不受学校管理。假定这家企业垄断了这所大学的学生住房床位供应，并且他们的目标就是为自己赚最多的钱，那么他可以不使用统一的价格，也不使用前面那种“普通票—优惠票”这样的两段或者三段的差异价格，而是实行所谓“完美差异价格”。具体来说，这家企业可以采用拍卖那样的方式，出一个很高的价钱，看有没有人愿意租用，然后慢慢把价格降下来。他们可以设置一些引诱条件，比方说接受比较高的价格的学生可以优先选择住哪层楼、什么朝向，等等。你们可以想象，随着价格慢慢降下来，一定有人会站出来接受他觉得已经合适的价格。就凭着“价高先挑”，公寓床位就这样一个一个被“拍卖”似的租出去了。这种做法，就是完美价格差异的垄断，把租用床位的学生，按照保留价格的不同，区分为不同的市场。

完美差异价格的垄断，我们遇到不多，但是在理论上价值很高。之所以实际上很难遇到，是因为不容易实施，这是就实施成本说的。另外一个原因，是容易造成企业唯利是图到了穷凶极恶地步的负面形象，一点点油水也要榨干。所以这个“完美”，指的是价格差异做得最彻底的完美，而不是说得到普遍欢迎的完美。

最后指出，有一种差异价格垄断，是最不合理的垄断，那就是在普通消费品销售方面按照购买者的政治身份来区分市场实施差异价格的做法。最典型的例子，是专门为高级干部设立的特供商店，越是“高级”的官员，享受越多的优惠。

【习题】我们知道，在竞争市场的情况，市场的好处体现为消费者盈余和生产者盈余这么两块。两块一般有大有小，但原则上总是有那么两块，除非一方的价格弹性为 0。现在为了理解完美价格差异的垄断，请大家做一个难度相当的习题，就是画图论证，在实行完美差异价格垄断的情况下，只有垄断企业的生产者盈余，而没有消费者盈余。市场的好处全部落入垄断企业的口袋。

10-4　合理漂亮的价格差异

我们主要关注垄断企业的价格差异。但是别的企业，也可以使用价格差异的营销策略，并且做得相当漂亮，值得插进来说说。这方面我最欣赏的就是美国的航空公司，他们的价格差异做得漂亮。这是三十年前我自己体会出来的，很早就写出来介绍过了。

现在大家都知道了，虽然乘坐同一个航班的同一等级的舱位，乘客购买飞机票的价格却可以不同。上了飞机，大家都坐在一起，也许你这张飞机票是 1000 元钱买的，他那张机票却是 1800 元钱买的。仿佛只好看运气了。朦朦胧胧也有买得早会便宜一些的记录，不过规律不是很明晰。

这种情况在美国是怎么做的呢？ 1983 年，我还在美国东海岸靠近纽约市的普林斯顿访学，需要到西海岸的旧金山地区走走。从报纸广告，我早早知道有两家航空公司的飞机票非常便宜，从东部到西部的来回票只卖两百美元。

我马上就买了其中一家航空公司的机票。当时正好有朋友来自美国中西部的芝加哥，他说从芝加哥到纽约的来回票是四百多美元。大家知道，纽约市和芝加哥之间的航程，大概等于纽约市和旧金山之间的航程的一小半，“想不到”纽约市和芝加哥之间的来回票，比纽约市和旧金山之间的来回票，贵出一倍多。

这是怎么回事呢？首先我们可以想到，越是客流量大的航线，票价相对于航程来说越便宜。但是纽约和芝加哥之间的客流量，至少不逊于纽约和旧金山之间的客流量。可见造成航程远反而机票便宜这个反差的，主要不是客流量的原因。“问题”出在哪里呢？原来，我的东海岸西海岸之间的旅行，是早已计划的旅行，而我这位朋友从芝加哥来纽约的旅行，很迟才决定的。

购买那两家航空公司的便宜机票，有两个要求。第一个要求是需要提前比较长的时间购买，比方说提前一个月，甚至两个月。第二个要求是还要在对方城市至少过一个周末，有些甚至要求你过两个周末。航空公司的设计，是把出公差的乘客与探亲度假的乘客区分开来，以优惠价格吸引探亲度假的乘客。大家不难观察到这样一个事实，出差的人很少能提前许多时间买票。就拿我来说吧，即使早就计划了大概什么时候去北京，多半还是到了最后几天才买的票。所以，第一个条件已经排除了六七成出公差的乘客。至于第二个条件，那就更加厉害了。老板让你出差，不是让你去过周末。我们的本科同学大学毕业工作了，许多人出差可以住四星级的酒店。那么周末住两个晚上，就要多花很多钱，恐怕至少比机票的优惠来得多。而且出差回来以后，你在对方城市过周末的日子，理论上老板也应该给你补假。所以，老板才不肯做这种占小便宜吃大亏的亏本生意。就这样，两个条件一掐，就把出公差的人排除得差不多 99% 了。

前面我们讲过，实施差异价格最要紧的是市场分割和身份区分，但如果你去买机票的时候航空公司查你的身份，是要因“歧视顾客”被起诉的。乘客购买机票，脸上并没有贴着出公差或者探亲度假的条子。但是“条件面前人人平等”，两个条件一掐，就把绝大部分出差的人都排除掉了。这样的价格差异的营销策略，做得高明。

现在，我国同一家航空公司同一个航班的实际票价，也有差异，而且你上网观察，可以发现起伏变化很大。张五常先生有一次也跟我谈到这个事情，我们都琢磨不透国内航空公司的价格差异有什么规律。

顺便说说，国外航空公司的惯例，是飞机旅行的来回票，只比单程票贵一点点。比如说来回票 1000 美元，那么单程票就要 900 美元左右。大国里面好像只有我们中国，来回票的价格基本上等于单程票价格的两倍。

10–5 动什么不要动（竞争商品的）价格

我们在中央政府层面有发改委，各个省市不仅有相应级别的发改委，还有物价局。一次遇到某省物价局的一位副局长，这才从他的名片上知道，“物价局”的官方英译是“Price Control Administration”，英文意思其实是“物价控制局”。大家知道，美国中央政府也叫做“Administration”。你有专门的行政部门来控制物价，那还怎么叫市场经济？

更加要命的是，我们的发改委和物价局不好好规制授权垄断企业，反而总是对竞争企业和私营企业评头品足，诸多挑剔，包括对他们的价格行为的干扰。

市场经济国家，是不能管制竞争企业的价格行为的。有次会议听取意见，我给那个物价局贡献了九个字：多观察、勤汇报、少发言。既然有物价局这支本来不必要的队伍放在这里，那就多观察、勤汇报、少发言吧。物价局应该管什么啊？应该管电力、管燃气、管自来水等垄断的和公用的行业。石油制品他管不了，恐怕国务院都不容易管。希望慢慢把方向一点点扭过来吧。后来物价局里的研究所所长跟我说：“王老师，你给我们提的九个字很好，能不能改一个字呢？改为‘多观察、勤汇报、慎发言’。”这当然可以，我说少发言，他改为“慎发言”，意思差不多。

【花絮】大约在三四年前，我应邀出席过三四次物价局的“神仙会”。记得有一年，罐装燃气的价格从几十元钱涨到眼看要突破一百元钱这个“心理价位”，物价局要商量对策。我说这个是没办法的事情。过年时候，它真的“破百”了。此前物价局发表过谈话，要求罐装燃气的价格不许超过多少，事实上没人听。毕竟位于市场经济比较发达的社会环境，这个物价局还是比较开明的，另外一个原因是我给他们提了意见，强调“动什么不能动价格”，具体来说是不能动竞争商品的价格，所以他们后来也做得比较好。怎么好呢？广东人有一句话，叫作“有姿势，没实际”，就是讽刺一个人做事情时虽然有姿势，却没实际效果，只是做做样子。现在，物价局就学会了在必要的时候“有姿势，没实际”。这是一个进步。除了上面还不可能同意物价局不管竞争商品的价格以外，多年来灌输苏俄经济学的结果，还造成很大数量的居民遇到问题时仍然埋怨政府管得不够。两方面夹击之下，物价局不说话也不好，那么就说一些看起来非常坚决实际上无需实施的警戒性话语。

例如粮食价格有点波动了，物价局就发布：如果粮食价格上升幅度很大，我们就要怎样怎样。怎么叫作上升幅度很大呢，那就是“粮食价格在一个星期里面上涨了一倍”，合起来就是“如果粮食价格在一个星期里面上涨了一倍”，我们就要怎样怎样。报纸发表这样的警戒性话语，使用了颇大的标题，看起来很有力：物价局准备出手了。这个“姿势”他们做了，但愿有点安抚民心的作用吧，但实际上是不需要出手的，因为粮食的价格基本上不可能在一个星期里上升百分之一百。万一真的出现这样的上升，也早已不是物价局的事情了。

我说："不错，这样做，你们既能应付上面，应付面对问题就埋怨政府干预不够的糊涂居民，实际上又能不干预竞争商品的市场价格。"别的地方的物价局就没那么开明了。最典型的就是：什么东西都在涨价，兰州牛州面的价格扛不住了，于是兰州市物价局，把卫生局等其他几个局拉在一起，下发文件，规定兰州牛肉面，我忘了是4元钱还是5元钱一碗，这个价格不许动。不许涨价的必然结果，就是质和量的下降。

许多物价局都很糊涂，垄断他们不管，反而是管竞争商品的价格。价格是市场经济最重要的信号，价格引导资源的配置。对竞争商品价格的"控制"，完全背离市场经济的基本原则。

顺便说说，经营罐装石油气或者其他燃气的终端企业，是竞争企业，经营管道石油气或者其他燃气的企业，却是垄断企业。这种物理形态造成的企业性质分属，也是一种有趣的经济现象。罐装石油气是竞争商品，管道石油气却是垄断商品。

10–6 对垄断的规制

对授权垄断的企业，人民代表大会或者人民代表大会授权的机关，应该盯住他们的价格行为和供给行为，避免他们利用授权垄断的地位获取超额利润。可是我国现在的情况，与这个要求相距极远，甚至可又说恰恰相反。

政府要管价格，就管国有大型垄断企业的价格。怎么管呢？就是比对社会投资的平均利润率来管。因为零利润定理，我们知道竞争行业长期来看利润都是趋于零的。社会投资的平均利润率，当然不是零，应该是正的。理论上我们甚至允许国有大垄断企业的利润率比社会投资的平均利润率高一点点，但绝不能高得太离谱。这应该是一个普遍的共识，因为他们是授权垄断啊，政府只许他们做这种肥缺生意而不许别人做啊。

按照发改委官员的说法，国有大垄断企业，是“共和国的长子”，是他们的宠儿，于是地位超然。这就是目前一个很长时期的现实，对此，我们在第一讲已经说了许多。发改委和国有大垄断企业，在现实强调“一元化坚强领导”的体制中，根子上就是一家。因为“不搞权力制衡”，真实的成本和利润都不让你知道，更遑论实质的监督了。

就在我为本书做最后的整理的时候，据新浪“@金融家微博”的帖子“高尚全：反行政垄断”专章被整体删除，长期担任中国经济体制改革研究会会长的高尚全先生说：在我国，对垄断行业的改革仍然遭受种种掣肘，一些反垄断的政策、法规不是被架空就是被阉割失去真正的反垄断功能。他透露，2007 年出台的《反垄断法》草案中的“反行政垄断”专章在其出台前被整体删除。

你看，哪怕是像模像样叫得很响的“反垄断”，也偏偏就不许反最该反的行政性垄断。这就是赤裸裸的现实。这个问题的解决，前提是政治体制改革。

10–7 树立垄断者责任意识

人们普遍感觉国有大垄断企业的价格太高，但是问题只有在体制改革的前提下才能比较好地解决。但是对垄断企业的规制，绝不仅仅是限于价格方面。另外一个重要的方面，就是落实垄断者责任。为此，大家要树立垄断者责任意识。

设想一个电力企业，突然就停止供电了。停电的时候，他当然不能收你电费，因为这时候你根本没有消费他提供的电力。但是这样就够了吗？当然不够。高炉突然停电，铁水就会凝成块，不要说炼着的铁水了，就连高炉本身，多半也要报废，损失会非常大。再设想你们正在电脑上做项目，做数据处理，突然就停了电，先前的工作就要前功尽弃。

除了价格制定者和价格接受者的区别以外，垄断企业和竞争企业另外一个非常不同的地方，就是垄断企业在商品供给方面的任何波动，都可能对商品用户产生很大的甚至致命的影响。为什么会这样呢？因为他垄断了这种商品对你的供应。如果一家竞争企业的商品暂时供应不上，你马上可以从别的生产和营销这种商品的企业获得供应。这不仅是竞争企业的定义，也是竞争行业的实际。现在，既然垄断企业垄断了你的某种用品的供应，那么如果发生突然停供，垄断企业的责任就不止于不赚钱那么简单。这里面有个“垄断者责任”的问题。

很可惜我们现在还没有建立起垄断者责任的意识：他对你的供应断了，好像不收你的钱就是了，但是他没有负起你被他垄断的情况下他有平稳供应所论商品的责任。对于垄断企业来说，用户的需求全部都交给你了，如果你突然停止供应，那消费者是要受到额外损失的，但很少有人想到为此向垄断企业索取赔偿。

前几年“三桶油”撒娇，让柴油在许多地方供应紧张。这一动作给其他企业和整个社会带来很大损失，可是他们根本不需要哪怕表示一点点歉意，更不用说不会做出任何赔偿了。相反，他们借此要挟政府给予财政补贴。我国社会垄断者责任意识的匮乏，得到足证。

垄断者不像小商小贩，这个小店不开，我可以到其他商店去买。我去年写过一篇关于管道煤气的文章，大意如下。有一天很冷，我正准备洗澡，打开水龙头，出来的全是冷水，我急急忙忙擦干身体穿好衣服出来，就已经感冒了。这个谁负责呢？比对起来，三十多年前我在美国的大学住教师公寓。有一天下班回去，发现电力公司在教师公寓抢修，一直到下班了，还没有完全抢修好。结果就有一个电力公司的员工，挨家挨户跑去贴打印的纸条，上面写着：“很抱歉，我们还没抢修好，但是每一家厨房和浴室的供电已经解决了，你们不用担心冰箱里的东西。”相隔30年相隔太平洋的这么两件小事，提供了很好的对比。至少目前在我们中国，电力公司会说，我要维修，得停电，理直气壮，谁管你冰箱不冰箱呢？例如我去年因为燃气公司停气，没有完成告知我的责任，让我受凉感冒，他们才不管呢。

又比如你们和几个朋友开车出去办事，很可能开到一个地方前面，发现前面在修路。这时候你只好自己找路回去，埋怨自己倒霉。路政的一方，可能只在修路地点前面一点点的地方立了牌子，就觉得尽到责任甚至仁至义尽了。可是在发达国家，远在你可以选择另外一条路绕过去的时候，路政当局就已经有指示牌立在那里了，告知你前面多少公里的什么地方在修路，建议你绕哪里走。他不会让你走进去好几公里，才知道此路不通，慢慢再找出来。在这个例子当中，用户的路权是被路政当局垄断了的，垄断者有告知的责任。

发达的市场经济，不仅对垄断企业实行非常严厉的价格规制，而且对垄断企业实行非常严格的责任规制。所谓垄断者责任，就是垄断者有责任保证被他垄断的商品的稳定供给，并且承担这种责任的经济成本。

但是我们也有一些值得鼓励的体现垄断者责任的苗子。2006年7月5日《南方都市报》有一条新闻，说的是广州市供电局、白云区供电局和钟落潭农电所工作人员到广州市白云区钟落潭镇五龙岗村重装被盗窃的电缆，因电缆被盗而停电一个月的五龙岗村130多户村民家中终于恢复通电。“不少村民感叹，入夏之后‘第一次用上电风扇’。”

新闻接着说，今年头5个月，广州发生8321起电力设施被盗案件，日均发生约55起，直接经济损失2700多万元，日均损失18万元，而2002年全年广州的电力设施被盗案不到千起，日均损失不到1.5万元。四年间电力设施被盗损失突增了12倍。

电力设施被盗案件的数目急遽上升，实在触目惊心。人们自然关心：一，这些案件有多少能够及时破案；二，怎样才能遏止电力设施被盗的势头。这些问题，有待新闻从业人员的进一步发掘和大家的深入讨论。但是还有一个看似“细节”的问题值得关注，那就是重装电缆的时候，五龙岗村电力设施被盗案件是否已经告破，电力公司方面的损失是否已经得到部分赔偿。

上面那条新闻并没有提供这方面的情况。但是案件告破应该很有新闻价值，所以如果案件已经告破，记者没有理由不把它捎带进去报道出来。据此我估计，在重装电缆的时候，五龙岗村电力设施被盗案件尚未告破。我想说的是，电力公司在设施被盗案件尚未告破、本身遭受的损失完全没有得到补偿的情况下，就重装电缆修复电力设施，这种做法，就已经初步体现了电力公司作为垄断者的社会责任。

总之从现在开始，我们全社会要努力树立垄断者责任的意识，对垄断企业形成压力，让他们承担应有的垄断者责任。

10–8　探讨局部垄断

最后，我想与大家一起，探讨一下局部垄断的说法。

近年来，房地产价格飙升，成为一些城镇最引人关注的民生问题。以深圳为例，楼价曾经在短短的半年之内就上升了 50%，世所罕见。关于楼价飙升，大体上我们可以提出楼价为什么飙升和楼价是否应该飙升这样两个问题。前面楼价为什么（能够）飙升这个问题，属于实证经济学的研究；后面楼价是否应该（让它）飙升这个问题，属于规范经济学的研究。目前人们的讨论，往往把两方面的讨论混杂在一起，不容易把问题讲清楚。

我觉得，地域的局部性垄断是楼价飙升一个重要原因，并且建议使用“**局**

部垄断”这个术语。

大家知道，向市场经济转轨以来，市场上许多耐用商品的价格一路下行。最典型的如家用电器，同样屏幕尺寸但是性能好得多的电视机的名义价格，也要比二十多年前性能差得多的电视机低很多，而同期消费者平均的货币收入水平，却提高了十几倍甚至几十倍。与竞争行业的生意难做相反，商品房这种耐用商品的价格却在大幅度飙升，房地产的利润越来越高。之所以这样，就是因为房地产不是竞争的行业，所以它不服从现代经济学的“零利润定理”，“零利润定理”只适用于竞争行业。

按照定义，垄断企业是指那些在市场上占有绝大部分市场份额的企业。可是任何个别房地产企业，并不占有整个房地产市场超过两位数的市场份额。这也是房地产企业能够一再表白自己不是垄断企业的借口。但是我们要指出，房地产之所以特殊，房地产之所以并不受竞争行业规律的支配，就是因为房地产具有局部垄断性。垄断了全局固然是垄断，垄断了一个局部同样是垄断，局部垄断同样会给企业带来超额的利润。

【从自行车保管费说局部垄断】以大家熟悉的自行车保管费的例子，说明什么是对地域的局部垄断以及为什么局部垄断同样会带来超额利润。

二十年前“山地自行车”刚刚在我国市场出现的时候，山地车比普通自行车昂贵得多。当时按照有关部门的规定，广州市的自行车保管站对白天保管一次自行车收取的保管费，普通车三角钱人民币，山地车五角。在那个时候，大众品牌一般质量的普通车大约卖 200 多元，而刚刚时髦起来的其实相当粗笨的山地车，却要卖 600 到 700 元，好一些的可以卖出超过 1000 元的价钱。既然如此，理论上自行车丢失要负赔偿责任的保管服务，对保管普通车收费三角，对保管山地车收费五角，在比例上也讲得过去。

可是很快就时过境迁，山地车虽然仍然时髦，身价却由于竞争而一落千丈，并不比普通车贵多少了。这应该是当初山地车太好赚钱吸引了太多企业竞相建设生产粗笨山地车的流水线的缘故，它符合“零利润定理”的预言。读者是否同意这个看法无关紧要，重要的是很不错的粗笨山地车后来也只卖二三百元的事实。

山地车的价钱很快降下来了，降到和普通车差不多，但是因为有关部门没有应对个变化修订自行车保管费的规定，山地车的保管费却依然比普通车高出一大半，表现出一种“价格刚性”：虽然过去制定比较高的价格的理由已经不复存在，但是既然保管站能够理直气壮继续以比较高的价格收取保管费，它就要收取比较高的费用，才不管你是不是符合道理。

山地车本身的价钱降下来了，但是山地车保管费却不降下来，最关键的因素是自行车保管的服务带有一定的垄断性。什么垄断？局部的地域垄断。比如你骑自行车到一个商场去，这个商场的自行车保管站就垄断了你要在这里存放自行车的市场需求。他处在垄断的位置，就有宰你的条件。自行车保管费是行政管理的价格，主管部门不去调整，下面就照收不误，决不客气。

进一步我们可以设想，如果谁别出心裁地下令山地车必须保持600元以上的价位，不许降价，这样的行政价格能否保持呢？不能。因为自行车的生产和销售竞争得厉害，谁不降价，谁就要被市场淘汰出局。但是自行车保管费的情况却正好相反，仅仅因为没有人下令降价，山地车保管费就能够保持比普通车高很多的价位。山地车本身，即使你要求它不降价它也要降价，而山地车保管费呢，却只要不要求它降价它就不降价。这里的差别因素，在于前者竞争后者垄断，虽然“只是”地域的局部垄断。每个自行车保管站都垄断了一块地盘，这种局部垄断，是自行车保管费的“价格刚性”能够成立的根本原因。

在任何竞争比较充分的市场上，如果供求形式朝着供大于求的方向发展，价格就一定下跌。个别厂商不肯降价，不肯讨好顾客，那就一定被市场淘汰出局。不要说自行车，就是电视机、空调、冰箱、DVD 等各种没有特许专营权的商品，无不遵循这样的规律。但是带垄断性质的企业，却可以坚持不降价，可以不怕得罪顾客。自行车保管是一个例子，电视节目信号的有线供应是另一个例子。去年，我们所在的电视节目有线供应商，不给任何说明，就切换了原来颇受观众欢迎的一个国内的卫视节目。你看，它就敢这样做，不怕顾客不高兴。

自行车的生产和销售竞争得厉害，不能不降价，但是自行车保管因为带有对地域的局部垄断，从而它可以不降价；电视机的生产和销售竞争得厉害，电视机要千方百计令消费者满意，但是目前有线电视节目的供应还带有局部垄断，从而它可以一意孤行，不怕得罪顾客。从自行车和自行车保管、电视机和电视节目信号供给这些对比的例子，我们可以理解局部垄断同样是垄断，局部垄断同样给企业带来超额的利润。

自行车保管站是多么微不足道的“企业”啊，但是即使那么微小，它却切切实实垄断了一个地方的自行车保管服务。既然他垄断，你就没有办法。

房地产的局部垄断，是对地段和位置的垄断。这种局部垄断，真真切切带来高额的垄断利润，而且比自行车保管厉害得多。不是说做房地产的格言是“Location, location, and location！”（地段，地段，还是地段！）吗？垄断了一个好地段，怎么会不奇货可居呢？

小如自行车保管，中至电视节目信号的有线供应，大到房地产，经济生活中这种个别企业占有市场份额看起来并不大的“非典型”垄断，其实相当普遍。之所以说占有市场份额“看起来”不大，是因为它其实很大，问题是你头脑里面的“市场”是什么。还是以自行车保管为例，如果你头脑里的自行车保管市场是整个城市的自行车保管，那么的确任何一个自行车保管站在这个笼统的大市场里面，份额极小，微乎其微。可是这种分析没有多少意思，这个笼统的大市场没有什么意义，因为它不能够说明自行车保管的价格刚性。

每个自行车保管站，都垄断了自己的那块地盘，在它的地盘，它占据百分之百的市场份额。

房地产更是这样。如果你头脑里的房地产市场是整个国家的房地产市场，那么的确任何一家地产商在这个笼统的大市场里面，份额很小。可是这种分析有什么意思呢？就是在深圳楼价水平突破每平米两万元、其他一些城市的楼价水平突破每平米一万元的时候，我们还是可以在国内别的地方找到楼价只有每平米一两千元的楼盘。可是这些楼价只有一两千元的楼盘的存在，对于深圳这些地方的楼价，影响几乎等于零，只能忽略不计。所以，头脑里这个笼统的“全国房地产市场”，对于我们分析许多地方楼价飙升，没有什么意义。

鉴于人们对于市场的认识，往往难以区分市场的实际分割，往往不自觉就把市场理解为笼统的全国大市场，我建议使用“局部垄断”这个术语，突出“局部垄断”是垄断了所论的分割了的市场，而不是垄断了笼统的那个全国大市场。但是它们都是垄断。使用“局部垄断”的说法，对于理解当下房地产楼价飙升，应该会有帮助。

附录　两份考题

下面是这门课程的两份考题，供读者参考。面对非经济学专业的学生，我们的原则是与人为善，不仅讲多考少，而且考得容易。除了特意预告并且练习过的两个题型以外，不包含其他需要很多数学的内容。

最后需要说明，本书只包括头十次课的内容，但是附录的考试内容则延伸到后面几次课博弈论与信息经济学的初步知识，这次收录就不删除了。

经济学原理・微观部分　　考试　　　2012-01-06

姓名________学号________________得分______

说明：1—8 题每题 3 分，9-18 题每题 4 分，19 题 12 分，20 题 24 分。1—18 题做在试卷留空的地方，19 和 20 题做在试卷背面。尽量简练，前面 18 题，想好了再写，后面两题，草稿纸上做好了再抄录在试卷上。祝你好运。

一、历史上三种主要的价格理论是________________________________。

二、老百姓关于价格理论的普遍说法是____________________________。

三、《管子・国蓄》篇关于价格理论的说法是________________________。

四、在二商品模型中，预算线的斜率表示两种商品的________；预算线越陡，横轴商品越______。

五、奢侈品的特征是____。

六、请举一对互补商品的例子：____。

七、微观经济学认为竞争企业是价格的____者，垄断企业是价格的____者。

八、零利润定理的适用范围是________________。零利润定理的积极意义在于________________。

九、什么叫作帕累托改善？

十、怎样的状态叫作帕累托效率的状态或者帕累托最优的状态？

十一、纳什均衡描述的是博弈的怎样的策略对局？

十二、说明三辆雪糕车的霍特林模型没有纯策略纳什均衡。

十三、为什么信息不对称带来的问题在现代社会特别突出？

十四、为什么说第二价格密封投标拍卖是让人讲真话的制度设计？

十五、试述商品拍卖与政府采购的主要区别。

十六、传统经济现象基本上是需求创造供给，即人们有这样的需求，市场就有这样的供给。现代社会则大量存在供给创造需求的经济现象，试举一例。

十七、有人说，奇瑞生产一辆汽车净利润只有 132 元，而他们投资鄂尔多斯煤矿，挖一吨煤的利润相当于造十辆车的利润。如果确实存在这样的情况，你想到什么原因？

十八、你个人对这门课程有什么贡献？限举一例。

十九、假定美国石油的年产量固定不变、美国消耗的石油有一半依赖进口。请运用二商品模型画图，表达国际市场石油涨价反而提高美国社会的福利水平的可能性。

二十、单一商品市场。已知需求曲线为 $Q = 200-2P$ ，供给曲线为 $Q = P/2$ ，

其中 P 为商品的价格，Q 为商品的需求量和供应量。

1. 求市场均衡（包括均衡价格 P_e 和交易量 Q_e），并且画图；
2. 在均衡位置，射线的斜率 k_r、需求曲线的斜率 k_d 和供给曲线的斜率 k_s 各是多少？据此，在均衡位置计算需求的价格弹性 E_d 和供给的价格弹性 E_s；
3. 如果政府对每交易一单位商品征收 2（元）的从量税，求新的均衡，包括交易量 Q^*，以及购买者付出的价格 P_p 和销售者收到的价格 P_r；
4. 画图清晰表示因为这个税收，消费者福利的损失、生产者福利的损失、政府之所得，以及税收的死角损失，突出死角损失。

经济学原理·微观部分　补考　2012–03

姓名__________学号________________得分____________

说明：前 21 题每题 4 分，第 22 题 6 分，第 23 题 10 分。前 18 题紧接着题目回答。尽量简练，想好了再写。后面 5 题画图，图表集中画在试卷下方，请在草稿纸上做好了，再描上去。

一、简述价格机制使用价值论大意。

二、举例说明价格机制使用价值论不符合事实。

三、简述价格机制劳动决定论大意。

四、举例说明价格机制劳动决定论不符合事实。

五、简述价格机制的供求决定论。

六、在二商品模型中，预算线越陡，表示纵轴商品还是横轴商品越便宜？

七、请举一对替代性商品的例子。

八、简述必需品的特征。

九、什么叫作帕累托改善？

十、怎样的状态叫作帕累托效率的状态或者帕累托最优的状态？

十一、需求的价格弹性怎么样的商品，叫作刚性需求商品？

十二、博弈的三要素是什么？

十三、什么是博弈的一个策略对局（策略组合）？

十四、纳什均衡描述的是博弈的怎样的策略对局？

十五、举一个物理意义上不同时但是信息意义上同时的例子。

十六、为什么说荷兰式拍卖是让人不讲真话的制度设计。

十七、说明三辆雪糕车的霍特林模型没有纯策略纳什均衡。

十八、有人说，奇瑞生产一辆汽车净利润只有132元，而他们投资鄂尔多斯煤矿，挖一吨煤的利润相当于造十辆车的利润。如果确实存在这样的情况，你能想到什么原因？

十九、把布剪锤猜拳游戏表达为一个矩阵博弈。

二十、在二商品模型中，画一条收入扩张曲线，指明其中一种商品是奢侈品，另外一种商品是必需品。

二十一、在二商品模型中，画一条收入扩张曲线，指明其中一种商品是普通商品，另外一种商品是劣等商品。

二十二、画图表示国际贸易导致一个国家生产专业化、导致生产与消费分离、导致社会福利的提高。

二十三、假定美国石油的年产量固定不变，目前需要进口大量原油。请运用二商品模型，画图表达国际市场石油涨价反而提高美国社会的福利水平的可能性。